국제주의 전통 자료집

V-4. 제국주의와 전쟁, 민족문제

알렉스 캘리니코스, 크리스 하먼 외 지음

이정구 엮음

국립중앙도서관 출판예정도서목록(CIP)

제국주의와 전쟁, 민족문제 / 지은이: 알렉스 캘리니코스,
크리스 하먼 외 ; 엮은이: 이정구. -- 서울 : 책갈피, 2018
    p. ;   cm. -- (국제주의 전통 자료집 ; 5-4)

원저자명: Alex Callinicos, Chris Harman
ISBN 978-89-7966-151-4 04300 : ₩9000
ISBN 978-89-7966-155-2 (세트) 04300

노동자 계급[勞動者階級]
제국 주의[帝國主義]

332.64-KDC6
305.5620941-DDC23   CIP2018026148

국제주의 전통 자료집

V-4. 제국주의와 전쟁, 민족문제

알렉스 캘리니코스, 크리스 하먼 외 지음

이정구 엮음

책갈피

차례

V-4. 제국주의와 전쟁, 민족문제

V. 제국주의와 전쟁, 민족문제 전체 목차

엮은이 머리말

이 자료집에 실린 글들은 노동자연대와 그 유관단체들이 발간한 신문과 잡지 등에서 일반성이 비교적 높은 글들을 추려 내어 주제별로 묶은 것이다.

자료집이 지닌 장점은 시간이 흘러도 그 진가가 사라지지 않을 좋은 글들을 선별하여 묶어 놓았다는 것인데, 이 자료집에 실린 글들도 그런 것이기를 바란다. 독자들은 이 자료집을 참고 자료나 교육 자료 등으로 유용하게 활용할 수 있을 것이다.

이 자료집은 이런 장점 외에, 독자들이 염두에 둬야 할 약점도 있다. 첫째, 자료집에 실린 글들이 발표된 때의 맥락을 설명하지 못했다. 물론 글을 읽어 보면 글이 작성된 취지를 대체로 파악하거나 짐작할 수 있을 것이다.

둘째, 많은 글들을 자료집으로 묶다 보니 용어의 통일, 맞춤법, 띄어쓰기 등에서 오류가 많을 수도 있다. 예를 들어, 예전에는 동성애자라는 표현을 많이 사용했지만 지금은 동성애자보다는 성소수자라는 용어를 쓴다. 특정 시기에 사용된 용어는 그 나름의 역사성을 지니고 있으므로 이 자료집에서는 오늘날 사용하는 용어로 일괄적으로 바꾸지 않았다. 또, 맞춤법이나 띄어쓰기도 세월이 지나면서 바뀌었다. 그래서 현재의 것으로 교정돼야 할 어구들이 많다. 그러나 바로잡지 못하고 놓친 부분이 많을 것이다. 독자들의 너그러운 양해를 부탁드린다.

셋째, 같은 주제의 글들을 모았기 때문에 여러 글의 내용이 중복되는 경우도 적지 않다. 이런 중복의 문제에 대해서는 엥겔스의 방식을 따랐다. 엥겔스는 마르크스의 초고를 모아 《자본론》 3권으로 편집하면서 이렇게 밝혔다. "반복도 주제를 다른 각도에서 파악하든지 다른 방법으로 표현한 경우에는 그 반복을 버리지 않았다."(《자본론》 3권 개역판 서문)

넷째, 혁명가들이 혹심한 탄압을 받던 시기에 작성된 글 중에서 필자를 확인하지 못해 필자를 명시하지 못한 경우가 있다. 이것은 엮은이가 의도한 것이 결코 아니라는 점을 밝혀 둔다.

그 외에도 다른 오류들이 편집 과정에서 있을 수 있는데, 이것들은 엮은이의 잘못이다.

이 자료집이 나오기까지 몇몇 동지들이 도움을 줬다. 인쇄된 문서를 타이핑해 파일로 만들어 준 박충범 동지와 책을 디자인해 준 장한빛 동지에게 감사드린다. 방대한 양의 원고를 나와 함께 검토해 준 책갈피 출판사 편집부에도 감사드린다.

2018년 7월 10일
엮은이 이정구

제2부
전쟁

역사적 논쟁을 통해 살펴보는 세계화와 전쟁

카우츠키(1854~1938)가 지도적 이론가였던 제2인터내셔널은 제1차세계대전 개전 시기인 1914년 8월, 소속 정당들이 이전의 반전 결의와 완전히 상반되는 입장을 취해 자국 정부를 지지하기로 함에 따라 붕괴했다.

1907년 슈투트가르트에서, 그리고 1912년 바젤에서 제2인터내셔널은 국제주의적 입장을 결의안으로 채택했다. 즉, 세계 전쟁이 일어나면 제국주의 강대국의 노동자들은 자국 정부의 전쟁 노력을 지지하지 않고 반대하고, 오히려 전쟁이 초래할 국내적 위기를 이용해 지배계급에 맞서 내전을 벌인다는 것이다.

카우츠키의 태도 변화는 기회주의(편의주의)에 따른 것이었다. 그는 이전의 국제주의적 입장을 실행한다면 애국주의가 득세하고 있는 노동자 운동이 분열하게 될까 우려했다. 더구나 사민당의 집권 가능

최일붕, 격주간 〈다함께〉 32호, 2004년 5월 29일. https://wspaper.org/article/1321.

성이 현실적인 것이 돼 있는 판국에 그런 분열은 응집력 있는 여당 구실을 못 하게 만들 것이다. 그래서 그는 노동자들에게 이렇게 호소했다. "[전시에는] 평화를 위해 투쟁하라. 전시가 아닌 때 계급투쟁을 하라."(카우츠키는 "국가 방위"도 동시에 호소했다.)

카우츠키의 태도 변화는 또한 선거 중심주의에 따른 것이었다. 카우츠키는 전쟁이 '사회주의로 가는 의회의 길'로부터 노동자들의 주의를 딴 곳으로 돌린다고 보았다. 전쟁이 아니라 국내의 사회적 쟁점들이 가장 중요한 정치적 초점이 돼야 할 텐데, 그만 전쟁 때문에 독일사회민주당(SPD)은 선거 카드를 내놓지 못하게 됐다는 개탄이다.

전쟁 때문에 사회주의를 위한 투쟁이라는 사회주의자들의 장기적 목표를 미결로 둬야 한다면, 전쟁이 자본주의의 단말마적 위기를 나타낸다고 인정하기가 어려울 것이다. 또 다른 단계가 있어야 했다. 이를 카우츠키는 "초제국주의"라고 불렀다.

그는 제국주의가 자본주의에 필요함은 인정했다. 경제가 확대됨에 따라 점점 더 산업 자본가들은 원료와 시량을 찾아 국경 밖으로 진출하지 않을 수 없다.

경제주의적 제국주의 개념

그러나, 이런 경제적 필요에도 불구하고 제국주의 열강들이 서로 갈등을 빚지 않을 수도 있다고 그는 주장했다. " … 제국주의 열강들 간 세계 전쟁의 결과는 최강국들이 군비 경쟁을 단념하고 동맹을 맺는 것일지 모른다."

이 전쟁은 단말마적 세계 자본주의의 표현이 아니고, 전쟁이 끝나면 평화적 제국주의의 시대가 도래할지 모르는데, 그게 바로 "초제국주의"라는 것이다. 그러므로 제국주의 강대국들은 서로 싸우지 않는 것이 득이 된다고 카우츠키는 주장했다.

카우츠키의 "초제국주의"론은 그의 '사회주의로의 평화적·의회적 길'을 정당화하는 이데올로기였다. 전쟁 등 폭력은 이 길에 단연코 장애물이었다.

카우츠키는 제국주의가 단말마적 자본주의의 표현이고 전쟁은 세계 자본주의 발전의 필연적인 결과라고 보지 않았다. 제국주의가 본질적으로 호전적일 필요는 없다는 것이다. 오히려 전쟁은 본질적으로 자본주의에 불합리하다는 것이다.

전쟁은 그 자체로 문제이지만 자동으로 반자본주의 운동의 기초가 되지는 못한다고 그는 말했다.

이런 주장들에 근거해 카우츠키는 반전 운동과 반자본주의 운동을 사실상 분리시켰다.

카우츠키가 제국주의와 자본주의(특히 산업 자본주의)를 연관시키지 않은 것은 아니다. 그가 연관시키지 않고 사실상 분리시킨 것은 바로 제국주의와 전쟁의 관계 또는 자본주의와 전쟁의 관계였다.

달리 말해, 제국주의가 갈등에 시달리느냐 아니냐 또는 자본주의가 본질적으로 호전적이냐 평화적이냐 하는 점이 진정한 쟁점이었고, 이 문제에 카우츠키는 후자라고 대답했던 것이다.

카우츠키의 답변은 세계 정치체제의 불안정을 덜 중요한 것처럼 보이게 만들 뿐 아니라 자본주의적 경쟁의 폭력적 본질의 중요성을 충분히 강조하지 않는 것이었다.

탱크·기관총·독가스·전투기 등 제1차세계대전에서 사용된 대량살상무기는 수백만 명을 죽였다. 그 뒤에 훨씬 더 큰 규모로 제2차세계대전이 일어났다. 이 세계적 전쟁에서는 도시 폭격 때문에 전에 없던 규모로 민간인들이 살상당했다. 옛 소련 사람들만도 2천만 명이나 죽었다.

제2차세계대전이 끝날 때는 사상 최초로 핵무기가 사용됐다. 이후의 군비 경쟁은 사상 유례가 없는 수준이 되고 있다.

제2차세계대전 종전 5년 뒤 한국전쟁이 일어나 1백50만 명이 목숨을 잃었다. 한국전쟁 정전협정 후 10년도 채 안 돼 베트남전쟁이 시작됐다. 베트남인 2백50만 명과 미군 5만 5천 명이 죽었다. 베트남인 사망자의 대다수는 미군 병사들에 의해 살해당하거나 미군의 융단폭격과 네이팜탄 공격에 희생된 농민들이었다.

베트남전쟁과 한국전쟁은 더는 세계대전이 일어나지 않는다는 환상이 유력한 시대에 이라크전쟁 말고 가장 잘 알려진 사례일 뿐이다. 사실, 세계는 제2차세계대전 종전 이후 지금까지 단 하루도 평화롭게 지나간 날이 없다. 그 동안 거의 1백 건의 전쟁이 일어났다. 사망자 수는 3천만 명이 넘는 것으로 추산되고 있다.

그리고 세계의 약 40개국이 분쟁 지역으로 분류되고 있다. 1천3백만 명이 고국을 떠났고, 1천6백만 명이 자국 내에서 고향을 떠나 타향살이를 하고 있다.

자본주의와 전쟁

카우츠키가 제국주의의 정치학과 제국주의의 경제학을 분리시켰다고 비판하며 부하린과 레닌은 자본주의와 전쟁의 불가분의 관계를 역설했다.

그들은 세계 경제가 "불균등 발전"을 한다고 지적했다. 나라마다 경제 성장 속도가 고르지 않음에 따라 세계 체제 내에서 상대적 경제력의 변동이 일어난다. 이는 정치 권력의 변동을 수반하고, 이는 또한 제국주의 간 지속적 협력의 가능성을 감소시킨다.

가령 레닌 시대에 독일은 급속한 경제 성장을 이뤘으나 식민지가 거의 없었다. 미국도 비슷했다. 반면에, 영국은 식민지가 많았다. 이 식민지들로부터 영국은 상당한 전리품을 노획했다. 하지만 영국의 경제 성장은 덜 역동적이었다. 세계 무대의 후발 주자인 독일과 미국은 "결코 평화적이지 않은 방법에 의해 변하고 있는 새로운 세력관계에 따라 세계를 재분할하는 일에 개입했다."(레닌, 《제국주의 — 자본주의의 최고 단계》, 1916년.) "식민지 분할과 금융자본 영향권이 생산력 발전과 자본 축적에 상응하지 못할 때 이를 극복하기 위해 자본주의 하에서 전쟁 말고 달리 무슨 수단이 있겠는가?"

그러므로 제국주의 간 전쟁 후 평화라는 것은 환상이다. 평화와 자본주의는 공존할 수 없다. 따라서 평화를 위한 투쟁은 반자본주의 투쟁이어야 한다.

뿐만 아니라, 제국주의 전쟁은 실로 자본주의의 위기이다. 그러므로 제국주의적 교전국의 노동계급은 사회주의를 목표로 대외 전쟁을 내전으로 전환시킬 필요가 있다고 레닌은 역설했다.

레닌의 전략은 1917년 10월 러시아 혁명에서 실천으로 검증됐다. 그는 임시정부의 전쟁 지속 정책을 멘셰비키가 지지하는 것(이른바 "방위 전쟁" 또는 "방어적 전쟁"의 이름으로)에 반대했다. 그리고 노동계급이 권력을 잡도록 볼셰비키가 이끌게 했다. 이듬해 소비에트 러시아는 독일과 브레스트-리토프스크 강화조약을 체결해 전쟁에서 빠져나왔다.

세계 자본주의의 위기: 체제의 실패가 낳은 경제 위기와 전쟁

2008년 여름과 이른 가을에 걸쳐 전 세계적으로 경제적·지정학적 불안정이 더 심화하고 있다. 2007년 8월 금융시장이 얼어붙으면서 신용 경색이 시작됐고, 이윽고 경제 위기가 전 세계로 확산되기 시작했다.

동시에, 지난 8월 러시아와 그루지야 사이의 짧은 전쟁 이후, 패권 국가의 지위를 지키려는 미국의 모험 때문에 러시아와 매우 위험한 충돌이 발생할 가능성이 높아지고 있다. 우리는 반자본주의·반제국주의 좌파의 강력한 힘이 요구되는 시점에 서 있다.

신용 경색이 발생한 뒤 몇 달 동안 주류 언론인과 경제학자 들은 위기의 확산을 막을 수 있다고 자신했다. 이유는 가지가지였는데, 어

알렉스 캘리니코스(런던대학교 킹스칼리지 교수, 영국 사회주의노동자당 중앙위원).
〈저항의 촛불〉 8호, 2008년 10월 9일.

떤 이는 금융시장, 혹은 '앵글로색슨' 자유시장 경제만 위기를 겪고 유로화 통용 지역이나 중국·인도 등 '신흥시장 경제'는 미국과 '탈동조화'해 세계 자본주의 성장 동력이 될 것이라고 주장했다.

메커니즘

그러나 이유는 다양하더라도 함축하는 바는 비슷했다. 올해 봄 연방준비제도이사회(미국 중앙은행) 전 의장 앨런 그린스펀이 말한 것처럼 "최악은 끝났다"는 것이다.

9월 15일 세계적 투자은행인 리먼브러더스가 무너졌을 때 그린스펀은 자신이 매우 어리석었다고 느꼈어야 마땅하다. 지금 세계 자본주의의 주요 경제들이 경기 후퇴에 영향 받고 있다.

물론, 그 속도는 불균등하다. 가장 최근에 발표된 통계를 보면, 2008년 2분기에 유로화 통용 지역, 일본, 영국, 캐나다는 성장률이 정체하거나 마이너스를 기록했고, 위기가 시작된 미국은 3.3퍼센트 성장했다. 자본이 이탈하기 시작하면서 6~9월 사이 2백95억 달러가 신흥시장에서 빠져나갔다. 상하이 주가 지수는 2008년 1~8월 사이 57퍼센트나 폭락했다.

세 가지 메커니즘이 작용하면서 경제 불황을 심화시키고 있다. 첫째는 신용 경색이다. 2000년대 초 그린스펀과 동료 중앙은행장들은 미국 이윤율 하락이 심각한 불황으로 발전하는 것을 막으려고 미국과 세계경제에 값싼 신용을 쏟아 부었다.

그래서 주택 시장을 중심으로 투기 거품이 발생했고(단지 미국뿐 아니라 영국, 남아일랜드, 스페인에서도), 2007년 8월 그 거품이 꺼졌다.

그 결과 미국과 유럽 은행들은 엄청난 악성 부채를 졌고 설상가상으로 어느 은행이 얼마나 많은 악성 부채를 가지고 있는지 알 수 없다는 불확실성 때문에 전 세계 금융시장이 마비됐다. 은행들은 사실상 서로 대출하기를 중단했다.

불황이 전면화하면, 이에 반응해 금융시장 상황이 더 나빠질 것이다. 물가상승과 실업 때문에 기업들이 파산할 것이고 가구들이 부채를 상환하지 못하면 은행들이 보유한 악성부채가 더 늘어날 것이다. 자본 축적 과정에서 신용이 핵심적 구실을 하는 것을 감안할 때 이것은 매우 심각한 문제다.

둘째 메커니즘은 물가상승이다. 신용 팽창에 힘입은 미국 경제의 회복과 미국에 값싼 공업제품을 수출하는 중국의 거침없는 성장에 힘입어 2000년대 중반에 세계경제가 호황을 누릴 수 있었다. [경제 호황으로] 석유와 다른 천연자원에 대한 수요가 늘면서 가격이 폭등했다. 물론 지난 7월 1백50달러에 이른 석유 가격이 9월 중순에 1백 달러까지 떨어진 것이 보여 주듯이 금융 투기꾼들이 상품 시장에서 [석유] 가격을 올리는 데 일정한 구실을 한 것도 사실이다.

물가급등은 현 상황에서 두 가지 부정적 영향을 미치고 있다. 먼저, 물가급등은 실질임금을 깎는다. 남반구에 사는 많은 빈민에게 이것은 사느냐 죽느냐의 문제다. 그러나 그 정도로 심각하지 않더라도, 사람들은 재화와 서비스 구입에 더 적은 돈을 쓰게 된다. 카를 마르크스와 존 메이너드 케인스는 서로 다른 방식으로 같은 점을 지적했다. 즉, 지출이 줄면 재화와 서비스를 생산하는 노동자들이 해고되고 이것이 수요를 줄이면서 고용이 더 악화하는 악순환이 반복된다는 것이다.

다음으로, 중앙은행들은 물가상승을 잡기 위해 높은 이자율을 유지하라는 압력을 받고 있다. 지난 30년 동안 신자유주의가 승리한 결과로 새로운 경제 정책 체제가 성립됐다. 그 결과 선출되지 않은 중앙은행장들에게 이자율을 정할 수 있는 권한이 부여됐다. 보통 그 권한에는 물가상승률을 낮게 유지하라는 조건이 따라 붙었다.

그래서 현재 중앙은행들은 높은 이자율을 유지하라는 압력을 받고 있다. 그 결과 돈 빌리기가 더 어려워지고 더 비싸지더라도 말이다. 유럽중앙은행과 영국은행은 물가상승률을 줄이기 위해 불황도 감수할 수 있다고 밝혔다.

경제 위기를 확산시키는 셋째 메커니즘은 환율 변동이다. 주도적 자본주의 국가로서 미국의 지위 덕분에, 연방준비제도이사회는 다른 나라 중앙은행보다 이자율을 낮추기가 용이하다.

그래서 투자자들은 [이자율이 더 높은] 다른 곳에서 더 높은 수익을 올릴 수 있기 때문에 달러를 덜 선호하게 된다. 부시 정부는 미국 수출 기업의 경쟁력을 높이려고 노골적으로 약(弱)달러 정책을 폈다.

달러화의 가치 하락 — 2002년 초~2008년 초 사이 25퍼센트가 하락했다 — 속도는 신용 경색 초기 국면에서 더 빨라졌다. 그 덕분에 미국 상품의 가격이 싸지면서 수출이 늘었다. 2008년 2분기 미국의 경제 성장은 거의 전적으로 수출 증가와 수입 축소의 효과였다.

그러나 이것은 다른 곳에서 역효과를 발생시켰다. 세계 기축 통화로서 달러화의 주요 경쟁자인 유로화 환율이 크게 상승한 것이다.

유로화 통용 지역 수출품 가격이 비싸지면서 이 지역의 성장률이 더 낮아졌다. 예컨대 실질임금을 크게 낮춘 잔혹한 산업 구조조정을 겪은 후 2000년대 중반 세계 제1의 수출국으로 부상한 독일에게 이것은 심각한 문제였다. 독일 경제의 미약한 회복은 전적으로 수출 덕분이었기 때문이다.

다양한 메커니즘과 경향이 상호 작용하는 자본주의 경제 체제의 복잡성 때문에 현재 위기가 어떻게 발전하고 얼마나 심각할지 예측하기 힘들다.

예컨대 환율을 보자. 달러의 가치는 2008년 초반 7퍼센트 하락했지만 그 뒤 9월까지 10퍼센트 상승했다. 이것은 아마도 경제 위기의 심각성이 드러나자 '핫머니'(유리한 이자율을 쫓아 유입된 자금)가 체제의 핵심부로 도피하고 있기 때문일 것이다.

그 결과, 유로화 가치가 하락했고, 주택과 금융 위기로 몸살을 앓고 있는 영국 파운드는 아예 추락하고 있다. 만약 이 추세가 지속된다면 미국 경기의 급격한 하강으로 이어질 수도 있다.

미국 정부는 이것을 막으려 한다. 그래서 1930년대 이후 가장 우익적인 공화당 정부가 엄청난 돈을 금융 시장에 퍼부었다. 재무장관 헨리 폴슨이 몇몇 중요한 국가 개입 정책을 조직했다.

첫째는 2008년 2월 투자 은행 베어스턴스를 구한 것이다. 그 뒤 9월 초 프레디맥과 패니메이를 사실상 국유화했다. 프레디맥와 패니메이는 미국의 새로운 모기지[부동산담보 대출] 중 4분의 3을 차지한다.

이 두 기관의 인수로 미국 정부의 부채 규모는 총소득의 5분의 2가 됐다.

그리고 리먼브러더스 몰락 후 시장을 휩쓸던 공포심을 진정시키려고 9월 15일 8백50억 달러의 예금을 동원해 AIG를 인수했고, 곧 7천억 달러를 들여 투기 활동 실패로 은행들이 짊어진 악성 금융 자산들을 사들이겠다고 발표했다.

이런 극적 조처들은 미국 국가 경영자들이 미국 금융제도가 1930년대처럼 붕괴하는 것을 막겠다고 굳게 결심했음을 보여 준다. 그린스펀뿐 아니라 IMF도 1930년대와 현 상황을 비교하고 있고, 이것은 전 세계 지배자들이 현 위기를 얼마나 심각하게 보고 있는지 증명하는 예다.

국가 개입

그러나 국가의 능력에는 한계가 있다. 폴슨은 두 가지 이유에서 리먼브러더스가 파산하도록 방치했다.

첫째, 폴슨은 리먼브러더스를 구출하면 나중에 일이 잘못돼도 국가가 구해줄 것으로 가정하고 은행들이 투기 활동을 계속하지 않을까 우려했다.

둘째, 금융 전문가 아비나쉬 페르사우드는 미국 부채 규모가 급격히 늘어난 후 "신용 시장이 미국 정부의 파산 가능성을 따지기 시작했다"고 지적했다. 이런 '전무후무한 사태'로 미국 정부마저 시장의 신뢰를 유지하는 문제를 걱정하기 시작했다. 그러나 폴슨이 곧 입장을 바꾼 것은 미국 국가 경영자들이 얼마나 사태를 우려하고 있는지를 보여 준 것이었지 금융 체제가 위기에서 벗어난 것이 아니었다.

또, 자본 축적은 개별 자본들 간의 경쟁적 축적이 원동력이다. 각 나라들은 자국 영토에 근거한 기업들이 경제 위기에서 최악의 타격을 입는 것을 막으려고 노력하고 있다. 그래서 환율 변동은 '꾸러미 돌리기'[꾸러미를 돌릴 때마다 짐이 늘어나는 놀이] 놀이와 비슷한 결과를 낳는다. 예컨대 환율이 강세인 나라들은 생산과 고용에서 타격을 입는다. 그래서 그들이 자국 통화 가치를 내리면 상대적으로 환율이 오른 나라들이 타격을 입는다.

최근 [WTO] 도하 협상 실패가 반드시 보호무역주의 경향의 갑작스런 강화로 연결되지는 않을 것이다. 그러나 그것은 (북반구와 남반구를 통틀어서) 대형 무역 국가들이 서로 타협할 여지가 점차 줄고 있음을 보여 줬다.

한편, 경제적 불안정의 확산이 세계 국가 체제에 존재하는 지정학적 불안정과 결합하고 있다. 이것은 현대 자본주의적 제국주의의 특징이 경제적 경쟁과 지정학적 경쟁의 결합이기 때문에 중요하다.

9·11 이후 군사적 우위를 이용해 미국의 세계 패권을 지키려는 부시 정부의 노력이 세계 정치를 좌우했다. 이 과정에서 이라크 정복이 핵심 열쇠였다. 이라크 정복 후 중동을 자유주의적 자본주의 모델에 따라 변화시키고, 세계 제1의 석유 생산 지역에 대한 미국의 지배를 강화하고 다른 이들을 겁준다는 계획이었다.

부시의 전쟁 몰이 결과는 별로 좋지 않다. 부시 정부는 3년 반 동안 재앙을 겪은 후 이라크에 일정한 안정을 가져올 수 있었다. 이것은 이른바 '증파'의 효과이기보다는 두 가지 정치 거래 덕분이었다.

첫째 거래는 사담 후세인 제거 이후 영향력이 강화된 이란과, 누리 알말리키의 꼭두각시 정부를 구성하는 이란의 동맹인 시아파 정당들과 맺었다.

둘째는 수니파 저항세력들과 맺은 거래다. 그들은 원래 점령군에 맞서 싸웠지만 말리키 정부와 알카에다의 공격으로부터 보호받고 돈도 받을 겸 미국과 동맹 관계를 맺었다.

이런 전략의 문제점은 명백하다. 현재 미국은 서로 매우 적대적인 두 집단과 동맹을 맺고 있다. 이런 허약한 동맹관계는 시간이 지날수록 흔들릴 수밖에 없을 것이다.

이미 말리키 정부는 미국 정부에게 2011년 말까지 철군한다는 약속을 억지로 받아냈다. '수니파 각성 운동'도 말리키 정부가 자기 구성원들을 탄압할 뿐 아니라 꼭두각시 정부의 군대와 경찰에 채용한다는 약속을 지키지 않고 있다고 불평하고 있다.

시아파 빈민과 점령 반대 여론의 지지를 받고 있는 무크타다 알사드르의 마흐디군은 지금은 조용하지만 영원히 그러지는 않을 것이다.

한편, 아프가니스탄에서 미국과 나토는 1980년대 옛 소련의 군대를 무너뜨린 똑같은 세력을 상대로 이길 수 없는 전쟁을 치르고 있다. 더 위험한 것은 그 전쟁이 파키스탄으로 확산된 것이다. 전 대통령 페르베즈 무샤라프가 자리에서 쫓겨난 것도 그것과 연관돼 있다.

무샤라프의 후임 대통령인 아시프 알리 자르다리가 당선하기 직전에 미국 정부는 아프가니스탄 국경을 넘어 파키스탄 지역을 공격했다. 그 때문에 민간인 사망자가 발생하면서 파키스탄의 탈레반 세력만 더 강화했다.

부시와 체니는 존 매케인을 당선시키기 위한 마지막 노력으로 이란 공격을 계획하고 있을지 모른다. 그러나 사라 페일린을 영웅으로 떠받드는 우익 광신도들만이, 이란 침략으로 상황이 악화하는 것이 아니라 무언가 이룰 수 있다고 생각할 것이다.

'역풍'

한편, 부시 정부는 코카서스 지역에서 러시아를 자극해 또 다른 '역풍' — 당장은 9·11만큼 극적이지는 않지만 잠재적으로는 매우 심각하다 — 에 직면했다.

냉전 종식 후 미국 패권 전략의 핵심적 내용 중 하나는 러시아의 약점을 이용해 유럽연합과 나토를 동·중유럽으로 무자비하게 확장하는 것이었다. 이를 통해 러시아를 포위하고 미국의 영향력을 유라시아 대륙 중심부로 확장한다는 계획이었다.

이 정책은 1990년대 초 빌 클린턴 정부에서 시작돼 부시 정부로 계승됐고, 우크라이나와 그루지야의 취약한 친서방 정부들의 지지를 받았다.

1990년대 대통령 보리스 옐친 시절 러시아가 약할 때 이것은 값싸고 효과적인 계획으로 보였다. 그러나 블라디미르 푸틴과 그의 문하

생이자 후계자인 디미트리 메드베데프 치하 러시아에서는 상황이 변했다.

러시아 경제는 2000년대 중반 에너지 호황의 주된 수혜자 중 하나였다. 푸틴은 석유와 천연가스 산업에 대한 정치적 통제를 재확립했다. 푸틴은 러시아 국가의 기강을 확립했고, 군사력을 재건했고, 일종의 권위주의적 자본주의를 장려했는데, 이데올로기적으로 이것의 핵심적 내용은 몰락한 소련 제국의 영광을 최대한 회복한다는 노골적인 민족주의 메시지였다.

상황이 어쨌든, 우크라이나와 그루지야 — 러시아와 국경을 맞댄 주요 국가들 — 까지 나토를 확대한다는 계획은 무모하다.

어리석음

미국과 러시아 사이의 상대적 힘의 변화를 볼 때, 지난 4월 나토 정상회담에서 부시가 밀어붙인 나토 확장 정책은 어리석음의 극치다. 이라크의 경우와 마찬가지로, 자만은 — 그리스 신화가 말하듯이 — 인과응보를 가져오기 마련이다.

러시아·그루지야 전쟁에서 실수와 음모가 한 구실에 대해 여러 가지 설이 난무했다. 정말로 체니와 미국 정부의 우익들이 그루지야의 칠칠치 못한 대통령 미하일 사카슈빌리가 남오세티아를 공격하도록 부추겼을까? 혹은 사카슈빌리는 러시아 정부의 모사꾼들이 쳐 놓은 덫에 걸린 것인가?

아마도 두 질문에 대한 답은 모두 '그렇다'일 것이다. 그러나 그것은 러시아가 가진 세 가지 이점에 비해 덜 중요한 것이다.

먼저, 러시아는 그 지역에서 미국과 이스라엘이 사카슈빌리에게 아무리 많은 무기와 군사 자문을 보내더라도 뛰어넘을 수 없는 압도적 군사적 우위를 점하고 있다.

둘째, 미국 정부의 군사적 대응 — 그루지야가 나토 회원국이었다면 필요했을 수도 있다 — 은 전면전을 불러올 가능성이 있다. 제아무리 부시와 체니라도 그루지야를 두고 핵전쟁을 벌일 가능성은 거의 없다.

어떤 경우든, 미국의 군사력의 상당 부분이 이라크와 아프가니스탄에 묶인 상황에서 미국 정부의 선택의 폭은 넓지 않다. 냉전 때 가장 위험한 상황이었던 1962년 쿠바 미사일 위기 당시, 미국이 재래 군사력에서도 지역에서 명백한 우위를 점하고 있었다는 점을 잊어서는 안 될 것이다.

셋째, 푸틴과 메드베데프는 과거 미 국방장관 럼스펠드가 이라크 전쟁 직전에 했던 것처럼 '신'유럽과 '구'유럽의 분열을 이용할 수 있었다.

동·중유럽은 유럽연합과 나토 회원자격을 자유주의 자본주의 클럽에 가입하고 러시아에 대한 안보를 보장받을 수 있는 패키지 상품으로 여긴다. 그루지야 전쟁 이후 이들 나라 정부는 모스크바를 비난하고 그루지야와 우크라이나에 대한 나토의 연대를 요청하는 선전전에 뛰어 들었다. 폴란드는 서둘러서 미국과 대중적 반감이 큰 미사일 방어 조약에 서명했다.

유럽 대륙 강국인 프랑스와 독일은 이와는 다른 노선을 택했다. 그들은 지난 4월 우크라이나와 그루지야의 나토 가입 계획에 거부권을 행사했다. 그들은 러시아의 그루지야 공격 후 나토와 유럽연합 정상 회담에서 러시아를 비난하는 말은 무성했지만 그것이 행동으로 연결되지 않도록 만전을 기했다.

심지어 실비오 베를루스코니의 우익 정부조차 그루지야 문제에서는 온건한 입장을 취했다. 이런 입장을 취한 이유는 아주 비열했지만 (특히 베를루스코니의 경우), 가장 중요한 이유 — 러시아에 대한 유럽연합의 에너지 의존도가 갈수록 높아지는 것 — 는 한동안 변하지 않을 것이다.

2020년에 유럽의 천연가스 생산량은 2006년의 절반에 불과할 것으로 예상된다. 러시아는 전 세계에서 가장 많은 천연가스 매장량을 보유하고 있다. 따라서 유럽 [천연가스] 소비에 대한 러시아의 기여가 현 수준인 25퍼센트 이상으로 높아질 것이 너무나 당연하다.

케임브리지 에너지 연구회의 사이먼 블레이키는 〈파이낸셜 타임스〉에 이렇게 말했다. "[러시아와 유럽의 에너지] 상호의존도가 너무 높아 20년이 지나더라도 크게 변하기 힘들 것이다."

러시아는 그런 현실을 이용해 미국의 유럽 동맹들을 분열시켜 미국이 러시아와의 대결에 유럽 동맹국들을 단결시키지 못하게 만들고, 장기적으로 우위를 점할 수 있을 것이다. 이것이 새로운 냉전이 시작되지 않을 중요한 이유 중 하나다.

그러나 가장 중요한 이유는 최근의 부활에도 불구하고 장기적으로 봤을 때 러시아의 상대적 힘이 크게 하락한 것이다.

제2차세계대전 이후 소련은 유라시아 대륙에서 최대의 영토를 확보할 수 있었다. 1970년대에는 엄청난 핵무기뿐 아니라 재래식 군사력을 전 세계에 파견할 수 있는 능력을 가지고 있었다. 1980년대에만 해도 소련은 세계 제조업 생산량의 14.8퍼센트를 차지했는데, 이는 당시 미국(31.5퍼센트)의 거의 절반에 해당하는 양이었다.

2007년 가장 유리한 국민소득 계산법(구매력지수)을 따르더라도, 러시아는 세계 국내총생산의 3.2퍼센트에 불과하다. 이것은 1992년(4.2퍼센트)보다 낮고, 같은 해 미국(21.63퍼센트)보다는 비교할 수 없이 낮은 수준이다. 2006년 러시아 군비 지출을 가장 높게 잡았을 때 대략 7백억 달러 정도다. 반면에 같은 해 미국 군비 지출은 무려 5천3백59달러였다.

러시아는 전략적·경제적으로 알짜배기 지역인 우크라이나와 중앙아시아를 잃었고, 인구도 계속 줄고 있다.

취약

또, 옛 국가자본주의 시절보다 세계시장에 깊숙이 편입돼 있기 때문에 훨씬 더 [외부의 경제적 충격에] 취약하다. 그루지야 전쟁 이후 러시아는 상당량의 자본 이탈을 겪었다. 부분적으로 세계적 신용 경색이 지역에 영향을 미친 것이기 때문이지만, 모스크바 증시는 5월 정점에 달한 후 9월 중순까지 50퍼센트나 떨어졌다.

그러나 이런 약점을 큰 그림에서 봐야 한다. 미국과 러시아의 경제력·군사력 격차는 냉전 때보다 훨씬 더 크다. 즉, 현재 미국만이 유일한 세계적 제국주의 열강이다.

그래서 미국은 다른 어느 국가보다 자신의 재원을 훨씬 더 넓은 지역에 사용해야 하고, 폴 케네디가 '제국의 과잉확장'이라고 부른 것에 취약하게 됐다. 러시아는 미국이 서아시아[중동]에 발이 묶이면서 나타난 약점을 이용하려 한다.

러시아는 여전히 상당한 군사력을 보유하고 있고 에너지 시장 호황 덕분에 혁신할 수 있었다. 러시아는 그루지야 전쟁을 통해 자국 국경 지역에서 제국주의적 이익을 지킬 능력이 있다는 것을 과시했다.

러시아는 지구적 수준에서는 미국과 경쟁할 수 없을 것이지만 몇몇 중요한 지역, 특히 중요한 에너지 공급 지역인 코카서스나 중앙아시아, 또는 어쩌면 중동에서는 미국의 영향력에 도전할 수 있다.

이것이 보여 주는 것은 비록 미국이 우위를 점하고 있지만, 오늘날 세계 정치는 마르크스주의자들이 전통적으로 제국주의 간 경쟁이라 부른 동력에 의해 움직이고 있다는 것이다.

그리고 추가적으로 중국 경제의 급속한 성장에 따른 세계 경제력의 재분배도 고려해야 한다. 중국이 '다음 번 초강대국'이라는 온갖 주장은 황당하다. 설사 중국이 매년 8~10퍼센트씩 성장하더라도 앞으로 몇십 년 동안 여전히 가난한 국가로 남을 것이다.

그러나 중국은 지난 25년간 세계 자본주의에서 가장 역동적 지역이었던 동아시아에서 가장 강력한 국가가 되고 있는 중이다.

미국이 유럽과 중동뿐 아니라 이 지역에서 패권을 차지하려는 상황에서, 그리고 원재료에 대한 중국의 수요가 아프리카와 라틴아메리카의 전통적 종속 관계에 영향을 미치는 상황에서 미국과 중국 간 경쟁은 격화할 것이다. 이미 미 국방부는 중국의 군사력에 대한 연례 보고서를 제출하고 있다.

우리는 불안정한 상황들이 혼합되는 상황에 직면해 있다. 몇 가지가 더 있다. 생각해 보자. 만약 많은 전문가들이 예측하듯이 중국에서 국가와 민간 자본 간 잡종이 내부적으로 붕괴한다면? 그러나 불안정의 근원은 명백하다. 위기로 점철된 자본주의적 경제 발전과 국가들 사이의 상대적 힘이 변화하면서 패권적 위치가 흔들리는 미국이 패권을 유지하기 위해 벌이는 모험. 코카서스 전쟁은 이 두 가지가 상호작용할 때 어떤 위험이 발생하는지 보여 줬다.

해결책은 명백하다. 성취하기는 쉽지 않지만 말이다. 쇠퇴하는 '유일 초강자'에 맞서 우리는 〈뉴욕타임스〉가 2003년 2월 15일 대규모 반전 시위 때 '제2의 초강자'라고 불렀던 세력을 부활시켜야 한다. 그러나 이번에는 그 힘을 단지 전쟁광과 전시 부당이득자뿐 아니라 그들 뒤에 있는 자본주의 체제 자체에 맞서도록 집중시킬 필요가 있다.

전쟁과 근본적 사회 변혁

지배자들과 언론은 전쟁을 벌일 때마다 자유와 민주주의를 위해 "전쟁은 불가피하다"고 항변해 왔다. 항변의 이유로 나치의 만행, 사담 후세인 같은 독재자들이 열거됐다. 지금은 '무시무시한 테러리스트' 오사마 빈 라덴이 그 자리에 앉혀졌다. 그러나 이 모든 항변에도 불구하고, 그들이 벌이는 전쟁은 언제나 무고한 평범한 사람들의 목숨을 희생시켰다. 또, 지배자들은 전쟁 노력을 위해 국내의 민주주의를 억압하고 노동자들을 더한층의 궁핍으로 내몬다.

이 때문에 자본주의는 한편에서 전쟁에 대한 혐오를 낳는다. 전쟁에 대한 지배자들과 언론의 애국주의적·호전적 악선동은 처음에는 대중의 지지를 받기도 한다. 하지만 늘어나는 전쟁의 참상과 민주주의 박탈·내핍 강요 때문에 평범한 사람들은 전쟁이 도대체 누구를 위한 것인지 의문을 품기 시작한다. 많은 경우에 전쟁의 참상은 결국

최일붕. 월간 《다함께》 7호, 2001년 12월 1일. https://wspaper.org/article/274.

사회 내의 계급 투쟁을 격화시켜 중대한 사회 변혁을 일으켰다. 지난 세기에 벌어진 두 차례의 세계대전은 이것을 극적으로 보여 주었다.

제1차세계대전

20세기 초 식민지 쟁탈을 위한 경쟁은 제1차세계대전을 불렀다. 전쟁이 계속된 4년 동안 모두 1천만 명이 죽었다. 제1차세계대전은 러시아 혁명과 함께 끝났다. 러시아 노동계급은 제1차세계대전 참전이 병사들을 몰살하고 농민의 경작지 소유를 인정하지 않고 노동자들을 억압하고 착취했던 국내 지배자들을 용서하는 것을 뜻함을 알게 됐다. 1917년 10월 혁명은 역사상 가장 성공적인 반전 운동이었다. 그들은 "빵, 평화, 토지"라는 볼셰비키의 슬로건 아래 싸웠고, 그리하여 러시아는 전쟁의 수렁에서 벗어날 수 있었다. 10월 혁명은 다른 나라 — 특히 독일 — 의 성장하는 반전·사회변혁 운동과 함께 제1차세계대전을 신속히 종결시켰다. 전쟁이 끝나갈 무렵 유럽은 전반적 위기로 빠져들었다. 1918년 독일과 오스트리아—헝가리에서 대중 파업이 일어났다. 부다페스트 근처의 헝가리 최대 군수공장에서 시작된 파업은 들불처럼 확산돼 2백만 명 이상의 노동자들이 참가했다. 결정적으로, 1918년 11월 4일 독일 대양함대 수병들이 반란을 일으켜 독일 제국이 붕괴했다. 카이저(황제)는 네덜란드로 도망갔다. 러시아의 10월 혁명이 동부전선의 전쟁을 종결시켰다면 독일 혁명은 서부전선을 붕괴시켜 제1차세계대전을 실제로 끝장낼 수 있었다. 러시아 혁명과 독일 혁명은 전 세계에 어마어마한 영향을 주었다. 헝가리와 바바리아와 핀란드와 라트비아에서 소비에트 정부들이 짧게나마 권력을 장악했다. 터키의 술탄(황제)이 타도됐다.

승전국들도 내전에 휩쓸렸다. 영국 군대는 1916년 부활절 봉기로 터져 나온 아일랜드 민족해방운동과 싸우면서 마비 상태에 빠졌다. 1919년은 1840년대의 차티스트 운동 이래 영국 국가가 직면한 가장 위험한 해였다. 항명과 병사평의회, 경찰 파업, 아일랜드 내전, 대규모 파업 물결, 투표권을 획득하려는 여성들의 투쟁 — 이런 투쟁들이 전쟁 중에 그리고 종전 직후 영국을 뒤흔들었다. 이탈리아는 1920년 9월의 공장 점거에서 절정에 이른 "비엔뇨 로소"(붉은 2년)를 경험했다. "제국주의 전쟁을 내전으로"라는 러시아 혁명가 레닌의 구호는 말 그대로 현실이 됐다. 전 세계 지배자들은 거의 5년 동안이나 계속된 유럽 강대국들을 뒤흔든 일련의 반란들에 엄청난 공포를 느꼈다. 제1차세계대전은 순전히 민족주의에 근거해 치렀다. 그러나 참호 속에서 몇 년의 세월이 흘러가자 민족주의는 시들어 갔다. 결국 그 끝은 불만과 반란, 혁명의 물결이었다.

제2차세계대전

이제 새로운 제국주의 전쟁에 사람들을 또다시 동원하기 위해서는 새로운 이데올로기가 필요했다. 연합국 지배자들은 이 전쟁이 "파시스트의 위협으로부터 민주주의를 지키기 위한 것"이라고 주장했다.

그러나 제2차세계대전은 어떠한 면에서도 반(反)파시즘 전쟁이 아니었다. 연합국은 실제로 히틀러의 의도를 분쇄하고 유대인들이 희생되는 것을 막을 수 있었는데도 그렇게 하지 않았다. 오히려 서유럽 지배자들 대다수는 좌익의 도전에 직면하면 언제나 파시즘을 옹호하고 찬양했다. 1944년 그리스에서 영국 군대는 레지스탕스를 공격하고 친파시스트로 구성된 정부를 임명했다. 사실, 영국이야말로 소련의 위협과 허약한 중부 유럽에서 프랑스가 세력을 확장할까 봐 두려워 히틀러의 재무장을 지원한 장본인이었다. 영국의 직접적인 지원이 없었다면 독일의 재무장 계획은 무산됐을 것이다. 제2차세계대전으로 5천만 명이 죽었고, 3천5백만 명이 부상당했으며, 3백만 명이 넘는 사람들이 실종됐다.

전쟁이 끝나면서 서구 지배자들은 파시즘의 붕괴가 혁명으로 이어지지 않을까 두려워했다.

지배자들의 두려움은 현실이 됐다. 그리스, 이탈리아, 영국, 프랑스에서 폭발적인 계급투쟁이 일어났다. 노동자들은 파시스트 압제자와 싸웠고, 자본가들에 대항해 싸웠다. 영국에서 제1차세계대전 때보다 더 많은 폭동이 일어났다. 그래서 헤일섬 경의 유명한 말이 유행하게 됐다. "그들에게 사회 개혁을 하사하라. 그렇지 않으면 그들은 당신들에게 사회 혁명을 선사할 것이다." 1945년 영국 노동당 정부는 영국 역사상 가장 체계적인 개혁 강령을 발표했다. 노동자들이 혁명으로 나아가는 것을 막기 위해서였다. 1943년 3월 초 순전히 경제적 요구들 — 폭격으로 인한 피해 보상과 임금 인상 — 로 시작한 이탈리아 노동자들의 파업은 곧 즉각적 평화와 독일과의 동맹 중단이라는 정치적 요구로 발전했다. 1944년 12월 시칠리아에서는 강제 징집 반대가 봉기로 나아갔다. 1945년 독일군이 무너졌을 때, 거대한 북부 산업 도시인 밀라노아 토리노의 노동자들이 반란을 일으켜 도시를 장악해 버렸다. 2만여 명의 파시스트들이 총살당했다.

그리스는 가장 결정적 기회를 맞았던 나라 가운데 하나다. 그리스에서 레지스탕스들은 1944년까지 7백만 명 인구 가운데 2백만 명에 이르는 지지자를 확보했다. 독일이 물러간 뒤 레지스탕스들은 나라 거의 전체를 통제하게 됐다. 처칠과 스탈린이 합의한 대로 영국이 점령군으로 들어오자 노동자들은 총파업으로 맞섰다. 그리스 주재 영국 대사는 "이 곳에서 벌어지고 있는 것은 적어도 혁명 그 이상이다."라는 편지를 처칠에게 보내야 했다.

유럽만이 혁명의 칼날 위에 서 있었던 것은 아니다. 전쟁이 끝날 무렵 중국, 베트남, 알제리, 포르투갈령 식민지 들에서 영웅적인 민족 해방 투쟁이 벌어졌다. 중동도 반란의 물결에 휩싸였다. 영국령 팔레스타인의 노동자·농민·소상인 들은 양차 대전 사이에 영국 지배와 영국이 장려한 시온주의 정책에 반대해 총파업을 벌이며 완강히 저항했다. 이것은 제2차세계대전 종전 뒤에 절정에 이르렀다. 전쟁으로 인해 영국과 프랑스의 경제가 휘청거리자 제국의 속박이 느슨해졌고 이 틈을 이용해 반제 운동이 강화됐다. 1940년대 말 이란과 이라크에서 공산당은 일련의 파업 물결을 타고 급부상했으며, 이 물결은 1948년 이라크에서 대규모 항쟁으로 발전했다. 날로 늘어나는 빈부 격차 때문에 엄청난 불만을 갖고 있던 이라크 노동자와 학생 들의 파업과 대중 시위는 그 후에도 거듭 성장해 마침내 1958년 왕정을 타도하는 것으로 정점에 이르렀다.

두 전선

이처럼 양차 대전은 인류 역사상 다른 어떤 전쟁보다 많은 사람을 희생시키는 동시에, 거대한 격변을 낳았다.

물론 모든 전쟁이 제1차세계대전의 러시아처럼 성공적인 결과에 이른다거나 또는 근본적 사회 변혁으로 전환할 수 있는 조건을 창출하는 것은 아니다. 전쟁의 규모와 주요 계급들 사이의 세력 균형, 특정 국가들과 세계 경제의 상황 등에 따라 그 수준을 달리하겠지만, 그럼에도 전시에는 모든 투쟁들이 마침내 필연적으로 격화된다. 문제는 이런 기회를 어떻게 이끄느냐에 달려 있다.

지금 부시가 벌이는 전쟁은 석유와 전략적 이익을 위해 약소국을 상대로 벌이는 제국주의 전쟁이다. 미국의 아프가니스탄 공습으로 중동은 지금 부글부글 끓고 있다. 파키스탄은 반미·반전·반정부 시위로 엄청난 위기로 빠져들고 있다. 사우디아라비아 역시 중동 지역에서 줄곧 미국의 하위 파트너 노릇을 해 온 부패한 왕가 때문에 대중의 분노가 더욱 커지고 있다. 만약 미국의 공격이 계속된다면 중동 지역은 엄청난 격변에 휩싸일 수 있다. 그리고 세계적 규모에서 반자본주의 운동가들은 전쟁이 일어나기 전부터 반전운동을 건설해 세계 자본주의의 경제적·군사적 측면 모두에 맞서 싸우고 있다.

레닌이 제1차세계대전 당시에 묘사한 "전쟁과 혁명의 시대"는 오늘날에도 그대로 들어맞는다. 따라서 제국주의 전쟁을 계급 투쟁으로 전환시킨다는 일반적인 접근은 여전히 유효하다. 이윤을 위해, 전략적 이익을 위해 평범한 사람들을 죽음으로 내모는 이런 사회를 바꾸기 위해서는 거대한 투쟁이 필요하다. 자본주의의 공포를 끝장내기 위해서는 전쟁에 반대하는 투쟁과 전쟁을 낳는 체제에 반대하는 투쟁을 서로 연결시켜야 한다. 베트남 전쟁에서 미국의 지배계급을 특히 놀라게 했던 것은 반전 운동과 그 밖의 다른 투쟁들 — 흑인 해방 투쟁처럼 — 사이에 형성되고 있던 연대였다. 당시 세계 프로 권투 헤비급 챔피언 무하마드 알리는 이렇게 말했다. "어떤 베트남 사람도 나를 깜둥이라고 멸시하지 않았다."자본주의가 낳는 경제적 불평등에 반대하는 사람들은 자본주의의 군사적 야만인 전쟁에도 맞서 싸워야 한다. 반대로, 전쟁에 반대하는 투쟁은 낮은 임금, 불결한 주거, 실업, 복지 삭감, 관료들의 부패, 민주적 권리 억압 등에 항의하는 투쟁과 연결돼야 한다.

전쟁에 대한 사회 변혁가들의 태도

부시의 폭격과 그것이 빚고 있는 끔찍한 결과들은 21세기가 지난 세기가 시작됐을 때의 모습 — 전쟁으로 점철된 모습 — 그대로 시작하고 있음을 보여 준다.

21세기는 평화와 번영의 신새벽에 관한 세계 제국 지도자들의 약속과 함께 시작됐다.

그러나 우리는 아프가니스탄에서 자행되는 끔찍한 야만을 목격하고 있다. 지난 1백 년 내내 우리는 전쟁으로 보통의 사람들이 학살당하고 불구자가 되고 정신이 파괴당하는 것을 봐 왔다. 전쟁의 부산물 — 질병, 굶주림, 대규모 피난 — 때문에도 수백만 명이 죽었다.

매번 세계의 열강들과 언론의 전쟁광들은 자신들의 목적이 숭고하다고 설명해 왔다. 그들은 자신들의 전쟁이 독재와 악에 맞서고 민주주의와 해방을 지지하기 위한 것이라고 말해 왔다. 전쟁의 이유는

최일붕. 월간 《다함께》 6호, 2001년 11월 1일. https://wspaper.org/article/263.

시기에 따라 바뀌어 왔다. 그러나 열강은 매번 전쟁의 진짜 동기 — 지구를 분할해 이윤을 얻기 위한 세계 지배자들의 권력과 지배 — 를 가리기 위해 거짓말을 늘어놓았다. 그리고 전쟁 때마다 각국의 부자들과 권력자들은 보통의 노동계급 병사들을 보내 자기들을 대신해서 죽게 했다.

전쟁의 원인

자본주의는 인류 역사에서 가장 잔인하고 호전적인 사회다. 알렉산더 대왕이 이끌던 대군도 베트남전쟁에서 죽은 사람들의 수에는 훨씬 못 미친다. 중세의 십자군이 사용했던 어떤 무기도 일주일 안에 할 수 없었던 일을 현대의 폭탄은 단 몇 초 만에 끝내 버릴 수 있다. 자본주의는 피를 뚝뚝 흘리며 태어났고, 나이를 먹을수록 대량학살에 대한 욕구도 점점 더 커졌다. 자본주의는 처음부터 식민지, 금, 노예, 석유, 아편, 값싼 노동력, "전략적 이점" 등을 위해 전쟁을 낳았다. 전쟁은 단지 지배자들의 개인적 야망과 탐욕의 산물이 아니다. 자본가들은 그들 사이의 경쟁 때문에 끊임없이 이윤을 추구하지 않을 수 없다. 자본주의 체제의 동력인 경쟁, 곧 생산 시설과 은행과 운송 수단을 다른 경쟁자들보다 더 빨리 축적하려는 동기가 전쟁의 진정한 원인이다. 이것은 평화스런 과정이 아니다. 경쟁자들이 파산하고 살아 남은 기업들의 규모가 커질수록 자본가들은 자신들의 발전을 위해 국가와 군사 기구에 점점 더 의존하게 된다. 19세기 말이

되자 자본주의적 경쟁이 일차적으로 경제 경쟁으로 표현되던 시대는 지났다. 이제 가장 강력한 지배계급들이 영향력 확대와 시장과 식민지 지배를 놓고 서로 다투게 됨에 따라, 경쟁에는 경제력은 물론 군사력까지 필요하게 되었다. 마르크스주의자들은 이 체제를 제국주의라 부른다. 세계가 경쟁하는 열강들 사이에서 분할·재분할되면서 제국주의가 20세기의 운명을 지배해 왔다.

야만의 시대

20세기는 역사상 가장 유혈낭자했던 시기다. 자본주의는 시장과 자원을 위한 경쟁과 나란히 살인 기술과 무기를 엄청난 규모로 만들어 내기 때문이다. 산업이 발달하기 전에는 상상도 할 수 없었던 대량파괴 무기들이 이제 수백만 명을 살상했다. 탱크와 기관총, 독가스와 전투기가 등장함으로써 사망자의 대다수가 질병이 아니라 상대국 병사들의 손에 희생되었다. 이것은 제1차세계대전에서 처음 나타난 현상이었다. 1914~1918년간에 벌어졌던 제1차세계대전은 식민지를 쟁탈하기 위한 전쟁이었다. 영국은 세계의 3분의 1을 지배했고, 프랑스는 아프리카와 인도차이나의 절반을 지배했다. 뒤늦게 식민지 경쟁에 뛰어든 독일 지배계급은 식민지가 얼마 되지 않았기에 더 가지기를 원했다. 영국 정부는 죄 없는 사람들을 상대로 끔찍한 참사가 자행되고 있다고 보통의 사람들을 납득시킬 때만 그들의 전쟁을 지지할 수 있다는 사실을 알았다. 영국 정부는 독일 지배계급과 군대를 악마로 보이게 하기 위해 무슨 일이든 했다. 언론은 독일 병사들이 벨기에에서 수녀들을 강간하고 어린이들의 손발을 잘랐다는 거짓말을 했다. 주미 영국 대사를 지낸 적이 있었던 브라이스 경이 이끄는 변호사와 "역사가"들의 위원회는 당시 이렇게 입장을 표명했다.

지난 3백 년 동안 문명 국가들 사이의 어떤 전쟁도 규모 면에서 벨기에의 대부분 지역에서 벌어지고 있는 살인·정욕·약탈에 필적할 만한 것은 없었다.

나중의 조사는 단 한 가지의 일화도 입증할 수 없었다. 위원회의 조사 결과는 이러한 사건들을 목격하지 못한 익명의 벨기에 난민들의 진술과 내무부에서 불가사의하게 "사라진" 서류들에 근거하고 있었다. 동시에 영국 정부는 죽은 부대의 사진들, 패배와 참호의 현실에 관한 뉴스들을 검열했다. 제1차세계대전으로 1천만 명이 죽었다.

승리한 열강들 — 영국·프랑스·미국 — 은 새로운 국제 질서를 선언했다. 그들은 제1차세계대전이 전쟁 자체를 없애기 위한 전쟁이었다고 말했다. 그러나 전쟁이 끝날 무렵에 주요 열강들은 몸의 먼지를 털어낸 뒤 이내 또 다른 전쟁을 준비하기 시작했다. 1930년대의 대공황은 세계 강대국들의 경제적 경쟁을 강화했다. 20년만에 세계는 1939~1945년간에 벌어진 제2차세계대전으로 다시 한 번, 이번에는 훨씬 더 큰 규모로 갈갈이 찢겼다. 오늘날 제2차세계대전은 독일 파시즘과 히틀러 독재에 대항한 전쟁으로 알려져 있다. 보통의 병사들은 정말로 히틀러와 나치에 대항해 전쟁을 벌이고 있다고 믿었다. 그들은 그 전쟁이 민주주의를 위한 전쟁이라고 생각했다.

그러나 세계의 지배자들은 자기들의 이익을 위해 싸웠다. 영국 지배계급은 특히 중동과 극동에서 영국 제국을 유지하기 위해 싸웠다. 미국은 영국을 제치고 세계 제1의 열강이 되고자 했고, 태평양을 두고 벌인 일본 지배계급과의 경쟁에서 싸워 이기고자 했다. 일본 지배자들은 석유 공급을 위해 인도네시아, 말레이 반도, 동남 아시아를 식민지로 삼고자 했다.

2차대전의 결과 5천만 명이 죽었다. 열강들이 나치를 물리치는 데 관심이 있었다면, 왜 그들은 가스실로 가는 철도를 폭파하지 않는가? 왜 그들은 유대인들이 히틀러를 피해 다른 유럽 나라들로 피난하는 것을 허용하지 않는가? 제2차세계대전의 종말을 이룬 사건들 가운데 하나는 미국이 패색이 짙은 일본에 핵폭탄을 떨어뜨린 것이었다. 당시 미국은 일본이 막 항복할 찰나였음을 알고 있었다.

냉전

제2차세계대전의 종결은 냉전기의 시작으로 이어졌다. 옛 소련과 서방의 경쟁은 더 많은 전쟁을 불렀다. 제2차세계대전이 끝난 지 5년 만에 한국에서 전쟁이 터졌다. 미국은 한국전쟁이 공산주의에 맞서 자유를 쟁취하기 위한 전쟁이라고 말했고, 좌파에 속하는 인물은 가리지 않고 마녀사냥하는 매카시 시대로 들어갔다. 한국전쟁은 실제로는 미국과 소련이 냉전 과정에서 북한과 남한 민중 모두를 희생시켜 가면서 벌인 한 차례의 피어린 열전이었다. 미국은 한국에서 융단 폭격과 화학무기인 네이팜 탄을 사용했다. 2백만 명 가량의 민간인이 학살당했고, 10만 명의 고아가 생겨났다. 처음에 군사 당국은 검열 도입을 서두르지 않았다. 그래서 동요하고 있던 한 미군 병사의 다음과 같은 말이 보도됐다.

당신네 기자들은 고국에 있는 사람들에게 진실을 말하고 있습니까? 우리에게는 싸워야 할 적이 없다는 것, 이 전쟁은 완전히 무의미한 전쟁이라는 것을 당신네들은 말하고 있습니까?

군부는 유엔 사령관들이 내린 결정이나 연합군 병사들이 전장에서 자행한 행위들에 대한 비판을 원천 봉쇄하는 것으로 신속하게 전환했다. 한국전쟁이 끝나고 얼마 되지 않아 베트남 전쟁이 일어났다. 다시금 미국은 그 전쟁이 독재에 맞서 민주주의와 민간인들을 지키기 위한 전쟁이라고 말했다. 미국은 "문명"의 이름으로 제2차세계대전기를 통틀어 사용한 것보다도 더 많은 폭탄을 베트남에 떨어뜨렸다. 미국은 베트남 민간인들에게 폭탄을 퍼부었고 들과 마을에 네이팜탄과 고엽제를 뿌려댔다. 베트남에서 1백만 명이 죽었다. 미국이 캄보디아로 전쟁을 확대하면서 또다시 1백만 명이 죽었다. 약 5만 5천 명의 미군이 죽었다.

신세계?

1989년에 냉전이 끝나자 서방 지도자들은 다시 진보와 평화의 신세계를 약속했다. 그러나 1년 만에 그들은 이라크의 사담 후세인을 "새로운 히틀러"라고 선언했다. 언론은 사담 후세인의 군대가 쿠웨이트에서 비행기 여승무원을 강간하고 병원 인큐베이터 속의 아기들을 찢어 죽였다는 일화들을 토해 냈다. 오직 한줌의 사람들만이 이런 일화들에 의문을 제기했다. 나중에 그 모두가 거짓말이었다는 사실이 폭로됐다. 진짜 어린이들이 죽는 일이 일어났고, 지금도 일어나고 있다. 어린이들은 연합군의 폭격 때문에 죽었다. 최근 유엔은 경제 제재로 매달 6천 명의 이라크인들이 죽어가고 있다고 인정했다. 아기들이 영양실조로 죽고 있고 노인들과 병자들을 돌볼 수 없고 노숙자들과 빈민들이 고통받고 있는 동안 자원은 수백억 달러에 이르는 군수산업에 낭비되고 있다. 20세기에는 끔찍한 순환이 반복돼 왔다. 그리고 21세기에 그 야만의 순환은 "테러와의 전쟁"이라는 거짓말로 이어지고 있다. 매번 세계의 통치자들과 언론은 학살을 변명하기 위해 거짓말을 늘어놓는다. 그리고 나서 몇 년이 지나면 흔히 그 때의 학살을 옹호하는 사람은 찾아보기 어렵다. 오늘날 대부분의 정치인, 역사가, 군 장성 들은 제1차세계대전이 무의미했다고 말한다. 베트남 전쟁을 옹호하는 사람은 미국에서도 찾아보기 어렵다. 많은 사람들이 이제는 1991년 제2차 걸프 전쟁이 석유를 위한 전쟁이었다고 말한다. 그러나 당시에 정부와 언론은 그러한 전쟁들에 반대하는 사람들을 비난하면서 전쟁 열기를 부채질했다.

더 나은 세계를 위한 투쟁

전쟁이 끝나고 몇 년 뒤에 전쟁에 반대하는 것은 충분하지 않다.

지금 당장 전쟁에 반대해야 한다. 전쟁의 끔찍한 순환에는 또 다른 측면도 있다. 매번 정부와 언론은 전쟁터에 나가는 사람들을 영웅으로 추켜 세웠지만 일단 더 이상 쓸모가 없어지면 야멸차게 버렸다. 제1차세계대전에 참전한 수많은 병사들이 참호에서 돌아와 실업자가 되거나 거리에서 구걸하는 신세가 됐다. 베트남 전쟁의 예비역 병사들은 헐어빠진 병원에서 점점 쇠약해져 가는 신세로 방치됐다. 오늘날에는 제2차 걸프 전쟁 증후군으로 고통받고 있는 사람들이 무시되고 있다. 자본주의는 전쟁을 낳는다. 그러나 자본주의는 전쟁에 대한 혐오도 낳는다. 전쟁은 초기에 더러 대중의 지지를 받기도 하지만, 전쟁의 비극적 참상은 결국은 사회 내의 모든 계급 갈등을 격화시키기 마련이다. 노동자들은 장시간 노동, 열악한 노동조건 그리고 형편없는 임금에 반대하는 싸움을 시작할 것이다.

사병들은 적진의 병사들을 친구이자 동맹자로 보고, 더 많은 죽음을 요구하는 정부와 장교들을 자신들의 공통의 적으로 보기 시작할 것이다. 바로 그래서 전쟁은 흔히 거대한 사회 변혁으로 이어지곤 한다. 제1차세계대전은 1917년의 위대한 러시아 혁명을 탄생시켰다. 게다가 1차대전을 실제로 끝장낸 것은 1918~19년의 독일 혁명이었다. 1905년의 제1차 러시아 혁명은 러일전쟁이 초래한 위기 때문에 터졌다. 그리고 2차대전에 뒤이어 유럽과 아시아 전체에서 반란이 물밀 듯이 일어났고, 세계 전역에 파병된 수십만 사병들 사이에서 반란이 일어났다. 베트남 전쟁 당시에는 미군 사병들의 불만이 엄청났다. 전쟁 막바지에는 베트남군 손에 죽은 미군 장교의 숫자보다 사병들 손에 죽은 장교의 숫자가 더 많은 실정이었다. 그리고 미국을 비롯한 다른 나라들에서 베트남 전쟁은 한 세대를 급진화시켰다. 또, 베트남 전쟁기간에 미국을 비롯한 세계 곳곳에서의 거대한 반전 시위와 베트남민족해방전선(NLF)이 거둔 승리는 미 제국주의를 20년 동안이나 크게 약화시켰다. 미국 지배자들은 함부로 다른 나라를 침범할 수 없었다. 베트남전에서 세계 최대 열강인 미국을 패배시킨 영웅적 희생이 니카라과나 이란과 같은 다른 제3세계 국가의 수만의 목숨을 구했다. 오늘날 우리는 미국의 야만적인 전쟁을 반대하기 위해 모든 힘을 다해야 하지만, 그러한 반대를 전쟁을 낳는 체제와 연결시키기 위해서도, 그리고 전쟁을 완전히 없앨 수 있는 더 나은 세계를 위한 투쟁과 연결시키기 위해서도 모든 힘을 다해야 한다.

제2차세계대전 —
민주주의를 위한 전쟁이었나?

신화 속의 전쟁

올해는 제2차세계대전이 끝난 지 50주년이 되는 해이다. 이 전쟁에서 5천만여 명이 죽었고, 3500만 명이 부상당했으며 3백만이 넘는 사람들이 실종됐다. 전쟁 전에 독일과 독일 점령 지역에 살고 있던 유태인 885만 1800 명 가운데 전쟁 후에 살아남은 사람은 고작 291만 7900 명이었다.

교전국은 도시 중심부까지 전쟁터가 되어 150만 명의 시민들이 목숨을 잃었다. 히틀러의 강제수용소에서는 무려 6백만 명이 죽었다.

그러나 지배자들은 이 참혹한 전쟁을 터무니없는 신화와 거짓말로 포장해 본질을 가려 왔다. 이 가운데 가장 광범하게 유포되어 있

이 글은 《사회주의 평론》 4호(1995년 7~8월)에 실린 것이다.

는 신화는 제2차세계대전을 선과 악, 연합국과 추축국 — 일본·이탈리아·독일의 세 동맹국을 이렇게 불렀다 — 사이의 거대한 투쟁으로 묘사하는 것이다.

전쟁이 끝나자 연합국의 지배자들은 자신들의 승리를 "전체주의자들과 인종차별주의자들, 그리고 살인적인 독재집단에 대항한 승리"라고 자축했다. 이 신화는 오늘날에도 계속되고 있다. 존 메이저는 《유럽 전승 기념일(VE DAY)》이라는 소책자 서문에서 "1939년에서 1945년 사이에 참전한 사람들의 희생 덕분에 민주주의를 구했다."고 썼다. 지배자들은 한결같이 2차대전이 파시즘의 위협으로부터 민주주의와 문명을 지키기 위한 성전(聖戰)이었다고 주장한다.

당시 좌익들은 이 엄청난 거짓말을 곧이곧대로 받아들였다.

조지 오웰은 던커크에서 연합국이 무너진 지 몇 주 뒤에 이렇게 말했다.

나는 그[처칠 — 인용자]가 전쟁에서 이기는 것이 필요하다고 생각한다면, 어떤 조치(예컨대, 소득의 평등과 인도의 독립)를 취하는 것에 대해 주저하리라고 생각하지 않는다.

만약, 우리가 두세 달만 버틸 수 있다면 1년 안에 우리는 리쯔에 주둔한 적위군을 보게 될 것이다. 그들의 선두에 처칠이나 로이드 조지가 서 있는 것을 보는 것은 나에게 그리 놀라운 일이 아닐 것이다.

과연 2차대전은 지배자들의 주장대로 민주주의를 지키기 위한 전쟁이었을까? 악에 맞서는 진보적 전쟁이었을까?

트로츠키는 제2차세계대전을 제국주의 전쟁으로 규정했다. 국가들 사이의 경제적 경쟁이 전쟁의 진정한 원인이라는 것이다. 전쟁 발발 이틀 후에 트로츠키는 전쟁의 반동적 성격을 이렇게 폭로했다.

세계를 새롭게 분할하기 위해 서로 다른 진영의 제국주의 노예 소유주들 사이에서 싸움은 계속된다. 전쟁의 목적과 수단을 두고 볼 때 오늘날의 전쟁은 앞선 전쟁의 직접적인 연장이다.

오늘날의 전쟁에서 두 진영은 똑같이 반동적인 성격을 지니고 있다. 어느 편이 이기든간에 인류는 멀리 내던져질 것이다.

국가자본주의의 등장

1929년부터 1933년에 걸친 대공황은 너무도 끔찍하고 무자비했다. 1929년 10월 24일 '암흑의 목요일'이 뉴욕 증권시장을 엄습했다. 이 극적인 주식 시장의 붕괴는 세계 대공황의 서막을 알렸다.

생산부문은 그 이전부터 내리막길을 걷고 있었다. 공업생산지수는 1929년 6월을 고비로 곤두박질쳤다. 1925년부터 1929년까지의 평균을 100으로 할 때 1929년에 113.1이던 세계의 공업생산량은 1932년에 65.9로 42%나 하락했다. 세계무역도 1929년부터 1932년 사이에 70.8%나 감소했다. 또 실업자는 3천만 명에서 5천만 명에 이르렀고, 국민소득도 40% 이상 감소했다.

금융공황이 전세계에 확산되자 외국 자본가들은 속속 본국으로 철수했다. 이에 따라 각국의 금 유출이 증가하자 더 이상 금본위제가 유지될 수 없었다. 1931년 9월 21일 영국은 금의 태환을 정지하고 금본위제를 폐지했다. 이 조치는 세계경제의 전환점이 됐다.

그후 식민지와 북유럽, 남아메리카의 여러 나라들이 금본위제로부터 이탈했다. 금본위제를 지속시킨 나라들도 관세를 높이고 화폐를 평가절하를 하는 등의 방법으로 격렬한 무역전쟁을 벌였다. 세계경제는 혼란과 분열의 늪으로 빠져 들었다. 지배자들은 1930년대의 경제 공황과 대위기로부터 탈출하기 위해 필사적인 노력을 했다. 이것은 군사적 국가자본주의의 형태로 나타냈다.

1933년 이후 히틀러는 루즈벨트의 뉴딜과 비슷한 정책에 착수했다. 특히, 이전의 '허약한' 정부 아래에서는 불가능했던 군사적 기능을 갖춘 국영기업을 집중적으로 확장했다. 하지만 이것으로 위기를 낳은 압력을 제거할 수는 없었다. 실업은 1929년보다 세 배나 늘었고, 공공부문에 대한 투자는 인플레를 낳았다.

경제위기가 닥치자 독일, 일본, 러시아 그리고 영국과 미국 등에서도 국가가 사회 전반에 걸쳐 점점 깊숙하게 개입했다. 독일의 나치는 경제에 대한 국가의 개입이라는 세계적 추세의 한 반영이었다. 경제는 1935년부터 거대한 군비 정책에 종속됐다. 국가는 군비를 증강하기 위해 은행을 통제했다. 기업들은 동일한 목적을 위해 일정 수준 이상의 모든 이윤을 은행에 예금해야 했다. 군수부문과 중공업이 투자시장과 투자지역을 제공하면서 전체 산업을 이끌었다. 1928년에서 1938년 사이에 소비재 생산이 불과 38% 늘어난 반면 생산재 생산은 무려 200%나 증가했다.

그러나 독일은 경제 팽창과 군비경쟁을 위해서 반드시 필요한 석탄 같은 원재료를 국경 안에서 충족할 수 없었던 어려움에 봉착했다. 독일은 이러한 원재료를 수입에 의존할 수밖에 없었는데 당시 세계경제의 정체 때문에 이것을 안전하게 확보할 수 없었다. 불확실한 원재료 공급을 극복할 수 있는 유일한 해결책은 독일의 국경을 확대하는 것이었다.

일본은 비록 다른 나라들보다 산업생산이 상대적으로 적게 감소했지만 세계 자본주의 체제와 마찬가지로 위기에 들어섰다. 위기를 해결하기 위해 일본은 군비를 확장했다.

1931년 일본은 만주를 침공했다. 만주는 군국주의화된 일본 경제로 이식됐고, 두 나라는 통합 4개년 계획에 기반하여 지속적인 경제성장을 이룩했다. 1938년까지 일본의 산업생산은 1927년보다 73% 상승했다. 일본의 제국주의적 팽창은 네덜란드령 동인도, 인도차이나, 필리핀, 그리고 중국의 나머지 지역으로 계속되었다.

이 같은 세계적 흐름은 러시아에서 가장 극단적으로 나타났다. 스탈린은 농업 집산화에 이어 경제를 강제로 공업화했다. 1929년에 세계 산업생산의 4%만을 차지했던 러시아는 1939년에는 12%를 차지할 정도로 성장했다.

하지만 엄청난 성장은 러시아 혁명의 성과를 짓밟은 결과였다. 생산은 필요에 의해서가 아니가 축적과 경쟁을 위해 이루어졌다. 소비재는 중공업을 위해 대폭 삭감됐다. 노동자 국가는 원재료 획득을 위한 영토확장을 결코 과제로 삼지 않았다. 그러나 스탈린은 반혁명

이후 혁명의 성과물들을 부정하고 짜르의 유산을 이어받아 영토확장의 기회를 추구했다.

군사적 국가자본주의가 성공할 수 있다는 선례는 세계의 여러 나라들에게 깊은 영향을 미쳤다. "계획"이 위기에 대한 해결책으로 여겨졌다. 동유럽의 작은 나라들에서, 이탈리아에서, 남미의 "민중주의" 정부에서 국가자본주의가 채택됐다.

국가자본주의라는 세계적 추세의 영국판이 케인즈주의였다. 영국에서 수입, 전기, 항공수송, 산업투자 승인 등을 국가가 독점했다. 미국에서도 "전환"이 이루어졌다. 뉴딜 정책을 통해 자원을 동원하려는 시도가 이루어졌다. 하지만 결과는 실패였다. 1938년에 1200만의 실업자가 생겼다. 1934년에 트로츠키는 미국에 대해 언급하면서 이렇게 적었다.

미국 자본주의도 1914년에 독일을 전쟁의 길로 들어서게 했던 똑같은 문제에 직면해 있다. 세계는 분할되었는가? 세계는 재분할되었음에 틀림이 없다. 독일로서는 제1차세계대전이 '유럽을 조직하는' 문제였다. 미국은 '세계를 조직'해야만 한다. 인류 역사는 미국 제국주의가 격렬하게 팽창하는 시기에 직면했다.

쟁탈전

위기의 유일한 탈출구는 세계시장이었다. 자본 투자와 융자가 절대적으로 필요했고, 더 많은 상품들은 해외로 수출돼야 했다. 하지만 국가 개입이라는 일반적 추세 속에서 세계의 여러 자본주의 국가들은 보호무역주의를 추구하고 있었다.

문제는 수십 개 나라들의 원료에 의존하여 생산이 이루어지는 자본주의 세계체제에서 자급자족이 불가능하다는 점이다.

"스털링", "금", "달러"를 갖고 있던 영국, 프랑스, 미국은 얼마간 문제를 해결할 수 있었다. 그러나 식민지를 갖고 있지 못한 독일과 일본은 이런 나라들의 이점을 누릴 수 없었다(독일은 1차대전에서 패배했다. 그 결과 대부분의 식민지를 잃었고, 영국과 프랑스가 독일의 옛 식민지를 차지했다). 유일한 해결책은 군사적 팽창이었다. 식민지를 거느리고 있던 나라들과 충돌하는 것은 불가피했다.

반면 식민지 보유국들은 자신이 우위를 점하고 있는 기존 질서를 유지하고 싶어했다. 이들은 중부 유럽으로 세력을 확장하려는 독일을 가로막았다. 식민지를 거느리고 있는 이점을 유지하려는 국가들과 그것에 대드는 경쟁국들 사이의 전쟁은 피할 수 없게 되었다.

히틀러는 권력을 장악한 후, 중부 유럽의 오스트리아와 체코슬로바키아를 점령하면서 영토 확장을 꾀했다. 이때까지 영국과 프랑스는 수수방관하고 있었다. 트로츠키는 왜 영국 지배자들 대부분이 처음에는 독일에 대한 유화정책을 선호했는지, 또 그것이 왜 '한여름 밤의 꿈'이었는지를 설명했다.

1914년과 마찬가지로 이 시기에도 새로운 세계 재분할의 주도권은 독일 제국주의가 쥐고 있었다. 영국 정부는 불시에 타격을 받고서는 처음에 다른 나라들(오스트리아, 체코슬로바키아)을 희생시켜 그 대가로 전쟁 바깥에서 장사나 하려고 했다. 하지만 이 정책은 단명했다. 히틀러에게 영국과의 '우정'은 단지 짧은 기간의 전술적 국면이었을 뿐이다. … 챔버린은 뮌헨조약을 통해 독일과의 긴 우정에 서명하기를 바랐지만, 독일은 서둘러 협정을 깼다. 히틀러는 런던에 대해 더 이상 어떤 기대도 하지 않았다. 독일은 계속 팽창하여 영국의 생명선을 위협했다.

독일이 폴란드를 침공하자 상황은 달라졌다. 왜냐하면 폴란드는 유럽에서 주요 에너지 자원인 석탄을 절반 이상 소유하고 있었기 때문이다. 폴란드 침공과 더불어 독일 제국주의는 이미 중동의 석유에 눈독을 들이고 있었다.

또 히틀러는 서유럽을 정복하는 데 절실히 필요한 러시아의 석유와 원재료를 호시탐탐 노리고 있었다. 그런데도 스탈린은 1941년 독일의 기갑사단이 러시아의 국경을 휩쓸 때까지 히틀러와 친구가 될수 있다는 믿음을 간직했다. 이미 1938년 뮌헨조약 후에 트로츠키는 스탈린은 "무엇보다 전쟁을 두려워하기 때문에" 히틀러와 손잡기를 바랄 것이라고 경고한 바 있다.

일본의 확장은 미국의 무역장벽에 의해 가로막혔다. 경쟁에서 살아남기 위해 일본은 영국과 네덜란드 제국주의가 통제하는 석유, 천연고무, 그리고 다른 원재료들이 필요했다. 태평양 전쟁을 시작했을때, 일본 외무상은 "석유가 우리 제국의 국력에서 약점이다." 하고 말했다.

'성전'의 본질

히틀러에 대한 서방 지배자들의 비난은 역겨운 위선에 불과한 것이었다. 히틀러를 '범 무서운 줄 모르게' 키워 놓은 장본인이 바로 서방 지배자들이었다.

1930년대 영국의 주요한 위협은 소련이었다. 그 다음 프랑스가 정치·군사적으로 허약한 중부 유럽 국가들을 이용해 세력을 확장할 것을 우려했다.

두 가지 위협에 대한 방벽을 쌓기 위해 영국은 히틀러의 "재건"을 지지했다. 영국의 직접적인 지원이 없었다면 독일의 재무장 계획은 성공하지 못했을 것이다. 영국은 독일이 중부 유럽을 넘어서는 위험을 무릅쓰지는 않으리라고 생각했다. 영국은 히틀러가 라인란트, 오스트리아, 체코슬로바키아의 수데텐 지역을 점령하는 것을 보면서 만족했다. 이것이 뮌헨조약과 유화정책에 감추어진 비밀이었다.

여기에는 또 다른 측면도 있다. 1933년 히틀러가 재무장하는 동안 영국은 군비를 증강하지 않았다. 물론 영국은 여전히 군사 대국이었고 히틀러 또한 군비격차를 정확히 인식하고 있었다. 그러나 히틀러는 체코슬로바키아와 폴란드 침공을 통해 무한한 자신감을 얻을 수 있었다.

당시 영국의 주된 관심사는 중동과 극동에서 제국을 방어하는 것이었다. 만약, 2차대전이 민주주의를 위한 전쟁이었다면 영국은 서부 유럽에서 제2전선을 형성했을 것이다. 왜냐하면 이것이야말로 나치가 점령한 프랑스와 베네룩스 3국을 해방시키고 히틀러를 패퇴시키는 데 결정적이었기 때문이다.

하지만 1940년 프랑스 함락 이후 처칠의 눈은 중동에 있는 프랑스 식민지로 향했고, 이란 유전에 대한 통제권을 갈망했다. 유럽으로 재입성하는 그날까지 지중해에 그렇게 집착했던 것은 이 때문이었다.

미국 대통령 루즈벨트는 히틀러가 유럽(과 아프리카, 그리고 중동 전체)을 장악하는 것이 미국에게 커다란 위협인양 호들갑을 떨면서 영국편에 가담했다. 그는 "만약 영국이 패배한다면 미국으로서는 재앙적인 전쟁이 불가피할 것이다. 독일이 서방 세계를 공격하게 된다면 그 첫 번째는 라틴아메리카가 될 것이다." 하고 주장했다.

그러나 미국의 진정한 목적은 영국을 대신해 세계의 지배적인 열강이 되는 것이었다. 미국은 영국에게 통화와 무역 통제를 없애라고 요구했다. 영국은 미국에게 서방의 군사기지를 넘겨주었다. 전쟁이 끝날 즈음 미국은 세계의 지배적인 나라가 되었다.

더군다나 서유럽의 지배자들은 반(反)파시스트들이 아니었다. 오히려 지배자들 대다수는 파시스트를 옹호하고 찬양했다. 나치가 점령한 나라에서 유태인, 사회주의자들, 공산주의자들 그리고 노동조합원에 대한 억압은 독일군에 의해서뿐 아니라 토착 경찰과 군대의 후원을 받는 자국 지배자들에 의해 직접 이루어지기도 했다.

프랑스 의회는 비시 괴뢰 정부를 선출했다. 노르웨이의 나치 협력자 퀘슬링은 그 이름이 국제적으로 '매국노'라는 뜻으로 쓰일 정도였다. 네덜란드에서는 파시스트들과 경찰이 힘을 합쳐 유태인들을 잡아 가스실로 보냈다. 영국 수상 처칠 역시 파시즘에 반대하지 않았다. 그는 무솔리니의 찬양자였다. 1927년 1월 처칠은 "만약 내가 이탈리아인이었다면 나는 레닌주의라는 최고의 욕구와 열정에 대항한 투쟁에서 승리한 당신[무솔리니 — 인용자]에게 진심으로 지지를 보냈을 것이라고 확신한다."고 고백했다. 또 그는 친나치주의자인 에드워드 8세의 주요한 수호자였다. 전 국왕인 윈저 공작과 내각 장관이었던 로디 핼리팩스는 열렬한 히틀러 숭배자였다.

제2차세계대전이 서유럽 지배자들이 주장하듯 '민주주의를 방어하기 위한 전쟁'이 아니었음은 노동자 투쟁에 대한 공격에서 뚜렷이 드러난다. 연합국의 군대는 전쟁 기간 동안 민주주의를 가장 갈망하는 세력인 노동자 계급의 투쟁을 짓밟았다. 1942년 영국은 독립을 요구하는 인도 노동자들의 파업을 파괴했다. 또 1944년 그리스에서 영국 군대는 레지스탕스를 공격하고 친파시스트로 구성된 정부를 임명했다.

연합국의 식민지에 살고 있는 평범한 사람들은 독일보다 영국을 더 위협적인 세력으로 보았다. 즉, 인도, 아프리카 그리고 극동 아시아에서 노동자·농민 대중의 주된 적은 식민지 제국(연합국)이었다. 독일군과 영국군이 카이로에서 멀리 떨어져 있지 않은 사막에서 싸울 때, 많은 이집트인들은 영국이 패배하는 것을 보고 싶어 했다. 인도가 독립국이 된 후 외무장관을 지낸 크리쉬나 메논은 1941년초에 이렇게 말했다.

우리는 '민주적 제국주의' 같은 것에 감동받지 않는다. 채식을 좋아하는 호랑이가 없듯이, 그런 것은 없다. 영국 제국주의와 나치 가운데 어떤 것을 선택할 것인가 하고 묻는 것은 의미 없는 일이다. 그것은 마치 물고기를 마가린으로 튀길까 아니면 버터로 튀길까 하고 묻는 것과 같다. 물고기는 튀겨지는 것을 전혀 원하지 않는다.

제2차세계대전에 대한 좌익들의 태도

트로츠키주의자들

트로츠키는 1934년 — 이때 그는 스탈린에 의해 강제 추방당했다 — 에 앞으로 있을 전쟁의 성격을 명확히 밝혔다.

오늘날 거대한 국가들 사이의 전쟁은 민주주의와 파시즘 간의 투쟁을 뜻하는 것이 아니라 세계의 재분할을 위한 두 제국주의의 싸움이다. 게다가 전쟁은 필연적으로 국제적인 성격을 띠게 되고 두 진영 모두에서, '민주적' 국가들에서조차 파시스트들을 발견하게 될 것이다.

그는 '민주적' 제국주의와 파시스트 제국주의의 차이를 다음과 같이 설명했다.

제국주의자들은 **본질**이 아니라 **형태**에서 서로 다르다. 식민지가 부족한 독일 제국주의는 날카로운 송곳니가 튀어나온 무서운 파시즘의 가면을 쓰고 있다. 거대한 식민지를 보유해 배속이 든든한 영국 제국주의는 민주주의의 가면 뒤에 날카로운 송곳니를 숨기고 있다.

트로츠키주의자들은 국제적으로 작은 세력이었다. 그들은 전쟁의 제국주의적 성격을 폭로하면서 전쟁에 반대하는 입장을 취했다. 하지만 노동자의 압도적인 다수는 파시즘에 맞선 전쟁을 지지해야 한다는 사상을 받아들였다. 더구나 노동자 계급은 지난 20년 동안의 패배와 후퇴 끝에 비참한 상태에 놓여 있었다.

혁명적 사회주의자들은 이런 정서와 떨어져 존재할 수 없었다. 그들은 전쟁의 제국주의적 목적에 반대하면서 진정으로 파시스트를 물리치는 방법은 무엇이며 그것을 위해 왜 노동자 계급의 조직이 필요한지를 주장해야 했다.

1940년 6월 루즈벨트와 미국 노동조합 지도자들이 참전 캠페인을 벌였을 때, 트로츠키는 미국 사회주의 노동자당 지도자들에게 이렇게 말했다.

이제 군국주의는 거대한 규모로 진행되고 있다. 우리는 평화주의적인 말로 군국주의에 반대할 수 없다. 군국주의는 노동자들로부터 광범한 지지를 받고 있다. 그들은 혼동된 계급정서와 히틀러에 대한 증오를 같이 품고 있다. 그들은 승리한 산적들에 대해서도 증오한다.

관료들은 이것을 이용하여 패배한 갱들을 도우라고 주장한다. 우리의 결론은 완전히 다르다. … 우리는 훈련받지 않은 어린 소년을 전쟁터로 보내는 것에 반대해야 한다. 노동조합은 평화적인 시기에는 노동자들과 이들의 기술을 보호해야 하지만 지금은 군사기술을 배울 수 있는 기회를 국가에 요구해야 한다.

그는 노동자 통제 아래 모두를 위한 군사훈련, 선출된 노동자 장교가 지휘하는 노동자 군대, 노동조합이 통제하는 군사훈련을 강조했다.

마르크스, 레닌과 마찬가지로 트로츠키는 단순히 평화주의자가 아니었다. 그는 강제징집이 시작될 때 혁명가들은 대중 사이에 머물러야 하며, 군대에 가야 한다고 주장했다.

하지만 노동계급이 파시즘의 패배를 지지하는 상황에서, 트로츠키는 1914년 레닌이 제안한 슬로건 — 자국 지배계급의 패배와 전쟁을 내전으로 — 을 기계적으로 흉내낼 수 없다고 말했다.

그러나 이것은 당시 주요 노동자 정당들처럼 '민주주의' 정부에게 투항하는 것을 뜻하지는 않는다. 파시즘에 맞서 민주주의를 방어하는 것은 필요하지만, 동시에 진정으로 민주주의를 방어하기 위해서는 군대의 지도보다 계급투쟁의 지도가 있어야 한다.

그의 입장은 지배계급의 전쟁 노력에 어떠한 지지도 보내지 않는 것이었다. 파시즘과 그것이 출현할 수 있는 조건은 오직 노동자 계급에 의해서만 끝장낼 수 있다. 지배계급은 자신들이 만들어 낸 괴물을 결코 파괴할 수 없다.

프랑스가 무너진 뒤 트로츠키는 투사들에게 다음과 같이 조언했다.

우리는 끝까지 프랑스의 경험을 곱씹어야 한다. 우리는 말해야 한다. 나는 노동자들에게 부르주아들은 당신들을 배신할 것이라고 경고한다! 페텡을 보라. 그는 히틀러의 친구다! 이 나라에서도 똑같은 일이 일어나야만 하는가? 우리는 노동자의 통제 아래 우리 자신의 기계를 만들어야 한다.

트로츠키의 정책은 대중적인 분위기에 발맞추어 노동자 계급의 독립적인 의식을 발전시키려는 것이었다. 그는 수백만 노동자들에게 자신의 주장을 호소할 수 있기를 바랐다. 하지만 전쟁 속에서 트로츠키주의자들은 고립되었고 안타깝게도 그의 주장은 선전의 수준에 머물렀다.

사회민주당과 노동당

개량주의 정당들은 노동자들이 앞으로 전진할 수 있는 어떠한 방법도 제공하지 않았다. 선진 자본주의 나라들에서 주요 사회민주당과 노동당은 1914년에 그랬던 것처럼 전쟁을 지지했다.

1940년 5월 영국 노동당은 처칠의 전시연립정부의 파트너가 되었다. 노동당 지도자 클레멘트 애틀리는 부수상이 되었다. 노동당 장관들은 전시 생산을 책임지고 파업 행위를 금지하는 데 앞장섰다. 운송노조(TGWU: Transport and General Workers Union)의 지도자 어니스트 베빈은 노동장관을 하면서 가혹한 법안을 통과시켰다.

프랑스사회당 의원들은 투표를 통해 독일의 침공으로 붕괴한 프랑스의 권력을 파시스트 지도자인 페텡과 라발에게 넘겨주었다.

개량주의 지도자들로부터는 왼쪽이지만, 혁명적 사회주의로부터는 오른쪽에 서있는 사람들은 일관되게 평화주의를 선택했다. 영국의 독립노동당과 미국사회당의 지도자 노만 토마스가 이런 입장을 취했다.

유럽 공산당들

1930년대 노동계급에게 타격을 안겨주었던 패배는 오히려 스탈린주의를 강화시켰다. 중국, 스페인, 그리고 프랑스 노동자들을 패배로 이끌었던 각국 공산당들의 역할에도 불구하고, 소련은 여전히 희망의 등대로 여겨졌다. 1930년대 많은 공산당들은 파시즘을 유일한 위험으로 보았다. 공산당들은 계급의 독립성을 무시한 채 모든 '민주주의자들'과 함께 계급투쟁을 민중전선에 종속시켰다.

1939년 히틀러–스탈린 협약이 맺어지자 공산당은 노선을 바꾸었다. 공산당들은 전쟁에 반대했지만, 이제 추축국보다 연합국을 공격하는 데 더 집중했다. 스탈린과 히틀러의 밀월 덕택에 공산당 신문은 점령당한 프랑스에서 합법적으로 발간되기도 했다. 그러나 히틀러가 소련을 침공한 후, 그들의 노선은 연합국의 전쟁 노력에 대한 전폭적인 지지로 또다시 180도 바뀌었다.

연합국에 대한 공산당의 지지는 파업을 반대하는 것으로 나타났다. 공산당은 노동자 계급의 무장해제를 주장했다. 공산당의 역할은 1차대전을 끝장냈던 혁명적 봉기가 2차대전이 끝날 무렵에는 되풀이되지 않도록 돕는 것이었다.

노동자들은 무엇을 위해 싸웠는가?

전쟁이 끝나면서 서구 지배자들은 파시즘의 붕괴가 혁명으로 이어지지 않을까 두려워 했다.

전쟁 도발자들과 맹목적 애국주의의 소용돌이 속에서 노동자 투쟁은 점점 늘어났다. 전쟁의 광풍 한가운데에서 노동자들은 이렇게 되물었다.

"우리는 여기에 있다. 전쟁에서 승리하기 위해, 그리고 노동조합 권리를 잃지 않기 위해. 그렇다면 피흘리는 전쟁터에서 우리는 무엇을 위해 싸우는가?"

히틀러를 무찌르자는 결의가 널리 퍼졌지만, 한편으로 많은 사람들의 가슴에는 전쟁의 진정한 목적에 대한 의문이 싹텄다. 사장들이 전쟁 노력의 뒷편에서 막대한 이윤을 챙기고 있다는 것이 분명해졌다. 반면, '국가의 이익'을 위해 노동자들은 초라한 임금, 참을 수 없는 조건들 그리고 기본권을 침해받는 희생을 강요당했다.

지배자들의 두려움은 현실이 되었다. 그리스, 이탈리아, 영국 그리고 프랑스에서 폭발적인 계급투쟁이 벌어졌다. 총파업, 폭동, 농민 반란, 도시 반란, 공장위원회. 노동자들은 파시스트 압제자와 싸웠고, 사장들에 대항해 싸웠다.

영국 노동자들의 투쟁

노동자들은 전쟁이 계속되자, 불공평한 희생을 점점 거부하기 시작했다. 영국 노동자 투쟁은 1944년에 절정에 이르렀다. 공식 파업 참가자 수는 2194 명이었다. 파업으로 인해 손실된 노동일은 370만 일이었다. 이것은 이전 10년을 뛰어넘은 최고 일수였다. 대부분의 파업들은 예외 없이 노조관료로부터 완전히 독립적이었고 또 불법파업이었다.

전쟁 기간 동안 최초의 중요한 투쟁은 1941년에 일어났다. 엔지니어 견습생들이 클라이드사이드에서 싸웠고, 투쟁은 곧장 켄벤트리, 랭카서 그리고 런던으로 번졌다. 그들은 지방 군수품 공장에 있는 여성 노동자들을 자신들의 투쟁 대열에 합류시켰다. 전통적으로 보수적인 성향을 띠었던 견습생들의 파업이라는 점이 특히 중요했다. 그러나 이들은 1930년대의 커다란 사기저하를 경험하지 않은 노동자들이기도 했다. 새로운 전투세력들은 집단행동을 통해 새로이 발견된 자신감과 전투적 평조합원 조직의 이점을 빠른 속도로 이해했다. 이 투쟁을 통해 견습생들은 새로운 전투세력으로 등장했다.

1943년에는 타인사이드의 냅천 조선수리소 노동자들이 숙련금속공노조(AEU)에 가입하려다 해고된 5명을 위해 6주 동안 싸웠다. 조선 노동자들의 투쟁은 다른 직장과 노동조합으로부터 광범한 지지를 받았다. 고용주는 마지못해 노동조합을 인정할 수밖에 없었다.

노동자들이 연장을 내려 놓았을 때 그것은 전국을 가로지르는 거대한 충격파를 던졌다. 빅커 사가 노동자들에게 적정 수준의 임금인상 지불을 거부하자 엔지니어, 견습생들 그리고 다른 노조 연맹의 노동자들이 작업을 거부했다. 배로우의 기본급은 29년이나(!) 인상되지 않았다. 정부가 재무장을 시작했을 때 빅커 사의 이윤은 급격하게 치솟았는데도 말이다.

배로우 노동자들의 파업은 살쾡이 파업 — 비공식 파업 — 이었다. 노조 지도자들은 고용주 협회와의 '산업평화'가 깨질 것을 우려했다. 노조 지도자들은 인민전쟁을 위해 노동자들의 희생을 강요했다. 1944년 사장들과 정부는 석탄위기라는 최악의 상황에 직면했다. 석탄은 전시 경제에서 절대적으로 중요했다. 하지만 광원들의 최저임금 요구가 기대했던 것에 훨씬 못 미치자, 광원들은 정부의 석탄 생산 계획을 거부했다.

곧이어 폐광조치가 내려졌다. 18만 명의 광원들이 일자리를 잃었다. 이것은 1926년 총파업 이래 최대의 광원 파업을 불러일으켰다.

노동장관 어니스트 베빈은 광원파업이 히틀러가 쉐필드를 폭격해 모든 통신이 두절되는 것보다 더 나쁜 것이라고 공격했다. 영국노동조합회의(TUC)는 광원들이 "군대에서 싸우고 있는 동료들의 뒷통수를 쳤다."고 비난했다. 지배자들과 노조관료의 비난에도 불구하고 광원들은 대중적인 지지를 받았다.

노동자 계급의 반란의 물결이 지나간 후, 1945년 영국 노동당 정부는 영국 역사상 가장 체계적인 개혁 프로그램을 발표했다. 이것은 분노의 물결이 계급의 진정한 대안과 결합되는 것을 막기 위한 조치였다.

이탈리아 노동자들의 투쟁

1943년 3월초 이탈리아 산업 중심부에서 공공연한 저항이 일어났다. 튜린의 로제티 공장 노동자들이 파업을 했다. 이 항의는 거대한 피아트 미라피오리와 다른 공장으로 확산됐다. 요구는 순전히 경제적 — 노동자들은 폭격으로 인한 피해보상과 높은 생활비용을 바랐다 — 이었지만, 파업은 국제적으로 거대한 영향을 미쳤다. 이것은 파시스트 전체주의에 맞선 최초의 집단행동이었다. 3월말까지 10만 명의 노동자들이 파업을 했다. 고용주와 정부는 어쩔 수 없이 양보했다.

1943년 7월 연합국의 시실리 침공과 더불어 국왕은 무솔리니를 쫓아냈다. 바도글리오 사령관이 그 자리를 대신했다. 그는 반파시스트가 아니었다. 그는 연합국과 협상함으로써 파시즘이 장악했던 사회질서를 유지하기를 바랐다.

무솔리니의 몰락은 사람들에게 자신감을 불어넣었다. 노동자들은 파시스트 사무실을 습격했다. 4천 명의 이노센티 공장 노동자들이 전쟁 종식을 외치며 밀라노를 가로지르는 행진을 했다. 정치적 요구가 전면에 등장하였다. 8월 중순 튜린과 밀라노의 파업에서 노동자들은 즉각적인 평화와 독일과의 동맹을 끝내라고 요구했다.

1944년 3월 북부 산업지역에서 정치파업이 있었다. 30만 명의 밀라노 노동자들이 즉각적인 평화와 나치 독일을 위한 군수품 생산을 중단할 것을 요구했다. 파업은 베니스, 볼로냐, 플로렌스의 직물공장으로 급속하게 확산됐다. 여성과 저임금 노동자들이 이 투쟁을 주도했다.

1945년 봄 마침내 독일군이 무너졌을 때, 세 번째 항의 물결이 등장했다. 4월 18일 사장들의 산업 사보타주를 막기 위한 총파업과 공장점거는 제노아, 밀라노, 튜린 반란의 서막이었다. 밀라노에서 6만 명의 노동자들이 공장을 통제했다. 제노아에서 레지스탕스는 독일 지휘관들에게 연합군이 아니라 자신들에게 항복할 것을 강요했다.

그런데도 이탈리아에서는 혁명은 일어나지 않았다. 무엇이 이것을 가로막았을까?

구질서를 지키고자 하는 자들은 가장 마음에 들지 않는 공산당으로부터 지지를 받아냈다. 바로 이것이 이탈리아에서 자본주의에 대한 결정적 도전이 일어나지 않은 주요한 이유였다. 1943년말에서 1944년 6월 사이에 이탈리아공산당은 네 배나 늘었다. 1년 반이 지나자 다시 네 배가 증가했다. 공산당은 가장 훌륭한 투사들의 충심어린 지지를 받았고, 공산주의자들은 저항운동과 노동자 계급 운동 내에서 터무니없이 큰 권위를 획득했다.

이탈리아공산당 지도자 톨리아티는 1944년 3월말에 모스크바로에서 돌아왔다. 그는 바도글리오 정부를 지지했고, 레지스탕스 지도부를 오른쪽으로 향하게 했다. 톨리아티는 혁명을 예정표에서 없애는 게 아니라 그저 연기시킬 뿐이라고 말했다. 1944년 6월 그는 "우리가 바라는 혁명은 사회주의적 혹은 공산주의적 의미에서 사회·정치적 이행을 강제하려는 목적을 가지지 않는다는 것을 기억하라. 혁명의 목적은 민족해방과 파시즘의 파괴다." 하고 발표했다.

레지스탕스는 이데올로기적으로 무장해제당했다. 무기를 포기했고, 노동자·농민 대중은 파시즘을 패배시킬 수 있는 자신들의 힘을 사장과 지주들에게 넘겨주었다.

그리스의 결정적 기회

그리스에 대한 나치의 통제는 확고하지 못했다. 1942년까지 그리스 레지스탕스(EAM)는 국토를 대부분 장악했다. 레지스탕스의 수는 인구의 5분의 1인 150만 명이었다. 레지스탕스는 마을을 운영했고, 세금을 거두었으며, 학교와 안전을 제공했다. 인민해방군(ELAS)은 1943년말 2만 명에서 7만 명으로 늘어났다.

1943년 3월 레지스탕스는 임시정부 위원회를 선포했다. 1944년 4월초 해군 함정 5척과 대부분의 군대는 공화국 정부를 지지하며 파업과 폭동을 일으켰다. 그리스 주재 영국 대사는 처칠에게 편지를 썼다. "이곳 그리스에서 벌어지고 있는 것은 적어도 혁명 이상이다."

그리스공산당(KKE)은 저항운동에서 아주 소수였지만, 그들은 레지스탕스에게 그리스 연립정부와 협정을 맺으라고 압력을 넣었다. 이탈리아처럼 그리스 공산주의자들은 적을 이기기 위해 사회변화가 필요하다는 사상을 무시했다. 9월말 카세르타 협정이 체결됐다. 협정에 따라 인민해방군은 자신의 군대를 영국군 지휘관인 스코비 장군 휘하에 배치한다는 데 동의했다.

그리스 레지스탕스는 거의 전적으로 자신의 힘으로 나치를 몰아냈기 때문에 영국이 옹호하는 반동적인 세력에게 정치적 양보를 해야 할 어떠한 이유도 찾을 수가 없었다.

총파업의 배경이 된 12월초 시위는 아테네 중심부에서 일어났다. 이것은 영국에 반대한 투쟁이었다. 처칠은 스코비에게 명령했다. "마치 지역반란이 빈번히 일어나는 점령도시에 있는 것처럼 행동하기를 주저하지 말라." 하지만 레지스탕스의 투쟁은 영국이 재앙적인 패배를 기록하는 것처럼 보였다. 이 상황에서 영국을 구한 것은 인민해방군의 정치적 투항이었다. 레지스탕스를 존중하고, 그리스공산당을 합법화하고 그 해 안에 선거와 국민투표를 치르겠다는 무가치한 약속에 대한 대가로 인민해방군은 무기를 포기했다.

영국의 지지를 받는 반동적이고 부패한 엘리트들이 복수를 시작했다. 그리고 결정적인 기회는 지나갔다.

프랑스에서도 비슷한 일이 일어났다.

1944년 11월 모스크바로부터 돌아온 프랑스 공산당 지도자 토레즈는 계급의 힘을 무디게 했다. 파업을 금지했고, 드골의 민족해방위원회가 정부권력을 인수해야 한다고 설교했다.

매우 전투적인 부위는 사회변화를 위해 기꺼이 싸우려 했다. 1945년 내내 토레즈는 노동자들에게, 특히 광산 노동자들에게 예전의 사장들을 위해 일하는 것을 내켜 하지 않는 '결핍심리'를 극복하라고 강요했다.

이탈리아, 그리스, 영국, 그리고 프랑스에서 공산당들은 자본주의를 구했다. 그리고 그들은 연합국 지배자들이 복귀할 때 의미 있는 모든 도전을 하지 못하도록 가로막았다. 물론, 2차대전이 끝날 무렵과 1차대전의 혁명적 시기와 조건이 다르다는 것은 사실이다. 수백만의 사람들은 연합국이 정당한 동기를 가지고 싸우는 것이라고 생각했다. 1차대전과는 달리 연합국은 패전국을 점령했다. 이것은 그리스에서처럼 점령국에 맞선 노동자들의 저항을 낳았다.

지배계급은 약했고 불신 받았다. 수백만의 사람들은 지배계급의 헤게모니를 받아들이려 하지 않았다. 비극적이게도 이때 공산당은 노동자 계급의 힘과 자신감을 강화시킬 수 있는 기회를 던져버렸다. 공산당은 최고의 투사들이 자본주의 체제를 지지하도록 했다. 이것은 부메랑이 되어 노동자들에 대한 공격으로 되돌아왔다.

2차대전은 세계 지배자들의 주장과는 달리 파시스트에 맞서 민주주의를 지키기 위한 전쟁이 결코 아니었다. 전쟁은 1930년대 세계 자본주의가 겪었던 경제적 위기를 벗어나기 위한 자본주의적 경쟁의 필연적이고도 야만적인 결과였다. 전쟁에서 연합국이든 추축국이든 모든 국가가 노동자 계급의 민주주의와는 거리가 멀었다. 연합국은 실제로 히틀러의 의도를 분쇄하고 유태인들이 희생되는 것을 막을 수 있었는데도 그렇게 하지 않았다. 영국이나 미국, 러시아 할 것 없이 자신들의 이익을 위해 전쟁을 이용하려 하였다. 히틀러와 무솔리니는 노동자들의 민주주의를 완전히 억눌렀다. 26년에 무솔리니가 그리고 33년에 히틀러가 권력을 장악하고 나서 공산주의자들은 물론이고 노조 활동가들조차 모두 감옥에 갇혔다. 파시즘 치하에서 노조 조직들은 모두 금지되었다.

하지만 2차대전을 전후로 하여 노동자 계급의 전투성은 급격히 고양되었다. 파시스트 군대에 맞서 투쟁한 것은 주로 레지스탕스들이었다. 연합국의 노동자들은 지배계급의 이데올로기에 영향을 받아 '민주주의를 위한 전쟁'이라는 생각을 받아들이기도 했다. 그러나 이들도 임금인상이나 생활상의 요구조건을 내걸고 지배자들에 대항하여 싸웠으며 전쟁이 끝났을 때 영국이나 프랑스에서처럼 절호의 기회를 맞이하기도 했다.

2차대전이 마무리될 때 1차대전 때처럼 혁명이 일어나지 않은 것은 혁명의 열정이 부족해서가 아니었다. 파시즘에 맞선 투쟁을 사회주의 혁명으로 연결시키고 혁명의 가능성을 현실로 전환시킬 준비된 지도부가 없었기 때문이었다.

1940년 트로츠키가 말했듯이 2차세계대전 당시 혁명정당의 필요성은 어느 때보다 절실했다.

지난 25년 동안 혁명적 상황이 부족했던 것은 아니다. 하지만 혁명적 상황을 활용할 수 있는 혁명정당이 없었다. 혁명정당을 포기하는 것은 노동자들의 대학살에 눈감게 하는 결과를 낳는다.

세계는 다시 냉전으로 돌아가는가?

우크라이나를 둘러싼 서방 제국주의와 러시아 제국주의의 대립은 오늘날의 세계가 얼마나 불안정한지를 보여 준다.

냉전이 해체된 후 지금까지도 세계화 담론을 주도한 사람들은 이제 국민국가들 사이의 지정학적 경쟁과 마르크스주의의 제국주의론은 역사 속의 유물이 됐다고 주장했다. 그러나 지금 우리가 우크라이나에서 보고 있는 것은 명백히 제국주의 국가들의 "지정학적 경쟁"이다.

그런데, 우크라이나 사태를 두고 '냉전의 부활(신냉전)'이라고 주장하는 사람들이 적잖다. 미국 네오콘과 대다수 주류 언론이 이런 주장을 내놓고 있다. 전 미국 국무장관 힐러리 클린턴도 "냉전을 바라는 사람은 없다. [그러나] 냉전이 다시 올지는 푸틴에게 달렸다"고 말했다.

김영익, 〈노동자 연대〉 123호, 2014년 3월 29일. https://wspaper.org/article/14293.

신냉전이 왔다고 일각에서 주장하는 데는 몇 가지 근거가 있다. 우선, 냉전 때와 마찬가지로 미국(서방)과 러시아가 지정학적 주요 지역에서 갈등을 벌이고 있다는 것이다.

두 강대국의 갈등이 커지면서 냉전 때와 유사한 진영 논리가 팽배해졌다는 것도 신냉전론의 근거다. 예컨대 일부 주류 언론은 우크라이나 사태로 서방의 군사동맹체인 북대서양조약기구(나토: NATO)의 구실이 커질 것이라고 내다본다. 유럽연합(EU) 집행위의 대외관계 담당자 닉 위트니는 우크라이나 위기가 "나토의 관점에서는 천우신조"라면서 "나토에 수명 연장의 기회를 줬다"고 말했다(〈연합뉴스〉). 또한 동아시아에서도 미국·일본과 중국의 갈등이 커지면서 중국·러시아·북한 대 미국·일본·남한이라는 냉전 때의 갈등 구도가 되살아나고 있다는 주장이 많다.

진영 논리?

그러나 신냉전이 도래했다는 주장은 여러모로 오늘날의 제국주의를 잘못 이해하는 것이다.

냉전 체제란 국가 간 경쟁이 양대 초강대국 블록이라는 양극적 틀 속에 우겨넣어져 양국의 동맹국 지배자들이 그 질서에 복종하는 것 말고는 다른 선택지가 없는 질서를 뜻한다. 이런 점에 비춰 보면, 그런 질서가 세계적 차원이나 유럽(혹은 동아시아) 지역 차원에서 나타나고 있다고 보기는 어렵다.

미국은 냉전 때 서방 진영에서 압도적 지배력을 행사할 수 있었지만, 오늘날 미국은 그때만큼의 힘을 보여 주지 못하고 있다. 20여 년 전 동구권이 붕괴할 때 미국은 전 세계의 유일 초강대국으로 패권을 유지하려 애썼다.

그러나 이것은 갈수록 어려워지고 있다. 미국의 헤게모니는 상대적으로 약화해 왔다. 이것은 근본적으로 전 세계의 경제력 분포가 장기적으로 변화해 온 것과 관련이 있다. 미국의 경제적 지위는 상대적으로 하락해 온 반면에, 유럽과 동아시아 일부 국가들은 역동적으로 경제 성장을 이룩했다.

이렇게 경제가 성장한 나라들은 소련이 붕괴하고부터는 다소 독자적인 목소리를 내기 시작했다. 특히 2008년 전후로 미국의 헤게모니는 큰 타격을 입었다. 금융 위기와 테러와의 전쟁 실패 때문이었다.

미국은 자신의 대러시아 전략에 미국의 유럽 쪽 동맹국들을 일사불란하게 규합하지 못해 왔다. 러시아와 긴밀한 경제 관계를 맺고 있는 독일과 프랑스는 2008년에 미국이 구상한 우크라이나의 나토 가입 계획을 거부한 적이 있다. 그리고 지금도 크림 반도를 합병한 러시아에 강경한 제재 조처를 하는 데서 많은 유럽 국가들이 주저하고 있다.

이는 동아시아에서도 마찬가지다. 예컨대 한국 지배자들 다수는 전통적 한미동맹을 가장 중시해야 한다고 여기지만, 이를 유일한 선택으로 보는 것은 아니다. 부상하는 중국의 전략적 이해에도 관심을 기울여야 한다는 목소리가 지배자들 사이에서도 만만치 않다.

지역 강대국의 도전

그리고 미국의 헤게모니가 약화하면서, 중국과 러시아 같은 국가들은 자신의 영향력을 높일 기회를 잡을 수 있었다.

러시아 경제는 2000년대 중반 천연가스를 비롯한 에너지 가격 상승으로 커다란 이익을 봤다. 이를 바탕으로 푸틴은 러시아의 군사력을 강화하면서, 미국이 추진한 나토의 동진과 러시아 포위에 맞서 옛 소련 소속 공화국들을 러시아 세력권에 다시 편입시키는 전략을 추진할 수 있었다.

지난 30년 동안 중국은 연평균 8~10퍼센트의 경제 성장을 이뤘고, 이것은 가히 세계사적 사건이라 할 만했다. 이 덕분에 중국은 세계 자본주의의 주요 행위자로 급부상했고 군사력도 빠른 속도로 성장시키고 있다. 그리고 중국 지배자들은 자국의 안정적 경제 성장을 위해 주변 지역에서 지정학적 우위를 확보하고자 한다.

이 제국주의 국가들은 역사학자 폴 케네디가 "제국의 과잉 확장"이라고 부른 교착 상태에 미국이 처해 있는 것을 이용했다. 다른 열강과 달리, 미국은 헤게모니를 유지하려고 전 세계 곳곳에 역량을 넓게 분산시켜야 하는 동시에, 2000년대 초·중반에는 중동에 군사력을 집중시키기도 했다. 반면에 같은 기간에 중국과 러시아는 자신의 역량을 자국의 이해관계가 걸린 주변 지역에 집중할 수 있었다.

이 때문에 2008년 이후 동아시아에서 미국과 중국이, 동유럽 등지에서는 미국과 러시아가 지정학적 경쟁을 벌이며 갈등을 키워 온 것이다.

그렇지만 지역 강대국의 도전을 신냉전의 도래라고 규정하는 것은 사태를 상당히 과장하는 것이다. 비록 소련 붕괴 직후에 비해 러시아 경제가 상당히 회복됐지만, 미국에 비하면 그 격차가 매우 크다. 중국도 일본을 제치고 세계 2위의 경제대국이 됐지만, 여전히 미국을 따라잡으려면 더 많은 시간이 필요하다.

비록 재정 적자 때문에 군사비를 줄이고 있지만, 미국은 경쟁국들에 견줘 여전히 압도적 군사력을 자랑하고 있다. 전 세계에 퍼진 1천여 곳의 해외 군사기지 네트워크와 동맹국들을 통해, 미국은 군사력을 세계 곳곳에 투사할 능력이 있다. 그리고 이것은 중국, 러시아 등 경쟁국들이 하루 아침에 따라잡을 수 있는 게 아니다.

자국 주변의 국가를 동맹으로 끌어들이는 능력에서도 중국과 러시아는 미국에 한참 못 미친다. 예컨대 중국이 아시아에서 영향력을 늘리고 있지만, 이 지역에는 인도·일본·호주·남한 등 만만찮은 국가들이 존재하고 있으며 이 나라들은 서로 분열돼 경쟁하고 있다. 게다가 중국과 러시아도 엇갈리는 이해관계 때문에 대외 정책에서 단결하지 못할 때도 있다. 그래서 미국은 바로 이 점을 이용해 유럽과 아시아에서 이간질을 시도해 왔다.

따라서 중국과 러시아 같은 나라들은 몇몇 지역에서 미국의 우위에 도전하며 지정학적 경쟁을 벌이고 있지만, 아직은 미국의 세계적 지위에 도전할 형편이 못 된다. 따라서 앞으로도 일정 기간 미국은 유일한 초강대국으로 남아 있을 것이다.

다극화하는 세계

그러나 오늘날 제국주의 질서가 미국이 주도하는 단극적 질서에서 제국주의 열강이 지정학적·경제적 경쟁을 벌이며 다극화하는 질서로 점차 변하고 있다는 점은 분명하다. 미국 국가정보위원회가 2008년 11월 발간한 보고서 《글로벌 트렌드 2025》에 내놓은 전망이 바로 그러하다.

제2차세계대전 이후 구축된 국제 체제는 2025년에는 거의 알아보기 힘들 만큼 변해 있을 것이다. … 2025년에는 선진국과 개도국 간의 국력 차이가 계속 좁혀짐에 따라 국제 체제가 세계적 다극 체제로 변해 있을 것이다. … 비록 미국은 그때도 세계 최강의 행위자로 남아 있을 가능성이 높지만 미국의 상대적 힘은 심지어 군사적 측면에서도 약화될 것이고 미국의 의지 관철 능력은 더 제한될 것이다.

이렇게 오늘날 제국주의 질서가 신냉전 상황이 아니라는 것이 세계가 평화롭고 자유롭다는 의미는 절대 아니다. 오히려 그와 정반대로 열강의 이해 각축으로 세계는 더욱 유동적이고 불안정해지고 있다. 특히, 중국의 부상을 경계하는 미국의 정책 때문에 오랫동안 동아시아 정세는 불안정에 휩싸일 것이다.

따라서 이런 불안정이 미래에 특정한 돌발 사태와 맞물린다면, 이것이 강대국 간 정면 충돌로 가지 말라는 보장은 어디에도 없다.

좌파의 과제

냉전 시절에 양대 진영이 첨예하게 경쟁을 빚자, 이 대립은 당시의 좌파에게도 상당한 영향을 줬다. 특히 양대 블록 가운데 좀더 진보적으로 보이는 진영을 지지하는 쪽으로 이끌리는 경향이 강했다. 이것은 양 진영의 갈등이 '민주주의' 대 '사회주의'의 대결이라는 잘못된 생각 때문에 좌파 내에서 더 큰 혼동을 일으켰다.

지금 그때만큼의 이데올로기적 혼란은 없지만, 여전히 국제 좌파들은 서방과 러시아 중 어느 한 쪽을 지지하는 쪽으로 이끌리는 듯하다. 예컨대 다수의 동유럽 좌파는 유럽연합에 대한 환상 때문에, 또 서방 진영의 좌파는 서방 제국주의에 대한 증오 때문에 반대편의 제국주의를 비판적으로 지지한다.

남한에서도 일부 좌파는 미국 제국주의와 대립한다는 이유로 중국을 제국주의 국가로 보지 않거나, 티베트 억압 같은 중국 제국주의의 문제에 침묵하곤 한다.

이런 사람들은 우크라이나 사태를 두고도 러시아 제국주의를 지지하고 있다. 〈민중의 소리〉에 장문의 기사가 실린 정기열의 주장이 대표적이다. 그는 지금의 우크라이나 사태는 "서구 제국주의에 반대하는 지구촌의 모든 반제자주세력이 러시아와 함께 이심전심으로 음으로 양으로 연대하고 협력하면서 한 치의 물러섬 없이 맞서 싸우고 있는 세계반제자주대결 차원에서 이해해야 옳다" 하고 주장했다. 〈진보정치〉에서 이채언 교수도 "우크라이나 사태로 인한 미국과 러시아의 대립구도에서는 중립적 입장이 성립할 수 없다. ⋯ 친구가 아니면 적일 뿐이다" 하고 주장했다.

그러나 현대의 자본주의적 제국주의는 선진 자본주의 열강들이 경제적·지정학적 경쟁을 벌이는 체제를 말한다. 여기서 중국과 러시아처럼 미국과 경쟁하는 강대국들도 제국주의 체제의 일부다. 러시아와 중국 등이 미국보다 더 약한 세력인 것은 분명하지만, 이들은 자국 자본의 이익을 위해 미국과 경쟁하는 것뿐이다. 그리고 자국 노동계급을 착취하고 억압하는 점에서 미국 제국주의와 다를 게 전혀 없다. 이 점을 분명히 해야 우리는 우리 지배자들에 맞서면서, 반대편에서 자국 지배자들에 대항하는 노동자들과 국제주의적 단결을 이룰 수 있다.

따라서 오늘날 좌파는 제1차세계대전 당시 레닌이 《사회주의와 전쟁》에서 한 지적을 진지하게 받아들여야 한다. "사회주의자들의 임무는 더 오래됐고 [식민지를] 많이 잡아 먹은 강도[영국, 프랑스]에 맞서 더 강하고 더 젊은 강도[독일]를 지지하는 것이 아니다. 사회주의자들은 그들 전부를 전복하기 위해 강도들의 싸움을 이용해야 한다. 이를 위해, 우선 사회주의자들은 진실을 말해야 한다. 즉, 이 전쟁은 노예제를 공고히 하려고 벌이는 노예 소유주들 사이의 전쟁이라는 진실 말이다."

사회주의와 전쟁

조지 부시가 이라크에 대항하는 전쟁을 준비함에 따라 지구상의 수백만의 사람들은 미래를 걱정하면서 우리의 지배자들이 자신들의 번영을 위해 야만적인 행동에 너무 쉽게 의존한다고 분노를 나타내고 있다.

그 결과 많은 사람들이 사담 후세인을 페르시아만 위기의 주범이라고 비난하고 있다. 어쨌든 쿠웨이트를 침공해서 병합한 장본인은 후세인이었다는 것이다. 약소국을 침략해서 잡아먹는 일은 세계평화에 대한 위협이기 때문에 중단되어야 한다는 것이다. 결과적으로 부시가 국제연합의 후원 아래 이라크에 대한 공격을 개시하기만 하면 많은 사람들이 그를 기꺼이 지지할 거라는 얘기다.

이러한 주장은 누가 먼저 방아쇠를 당겼는가 하는 것은 중요한 문제가 아니며 우리는 무조건 모든 종류의 전쟁에 반대해야 한다는 태

이 글은 1991년 1월에 발간된 《후세인에게 승리를 부시에게 패배를》에 실린 것이다.

도에서 비롯되는 것이다. 그런데 아이러니하게도 이 주장은 비교적 작고 힘이 약한 나라를 길들이기 위해서 대규모의 군사력-세계 열강이 보유하고 있는 군사력-을 사용하라고 부추기는 것으로 끝맺는다.

2차 대전이 벌어졌을 때, 레닌도 역시 이러한 문제와 씨름해야 했다. 그래서 그는 《사회주의와 전쟁》이라는 소책자를 썼는데, 이 책은 마르크스주의 고전들 가운데 하나이기도 하다.

레닌은 다음과 같이 써 내려갔다. "사회주의자들은 언제나 민족들 간의 전쟁을 야만적이고 잔인한 것이라고 비난해 왔다." 그러나 평화주의자들과 달리 사회주의자는 모든 전쟁을 비난하지는 않는다.

모든 전쟁에 불가피하게 뒤따르는 모든 공포, 잔학행위, 비탄과 공포에도 불구하고 진보적이었던, 말하자면 대단히 해롭고 반동적인 제도를 파괴하는 데 도움을 주어 인류의 발전에 유익했던 전쟁들이 역사상 수없이 많이 있었다.

레닌은 계속해서 일련의 진보적인 전쟁들로서 "인류 역사의 새로운 시대를 예고한" 프랑스 대혁명을 방어하고 아울러 확산시키기 위한 전쟁들을 예로 들고 있다. 그러한 전쟁들로서는 영국 내전, 미국의 독립전쟁 그리고 남북전쟁이 있었다.

레닌은 이러한 전쟁들 외에도 식민지와 피억압 민족이 그들을 지배하던 열강에 대항해서 벌인 전쟁도 진보적인 전쟁이라고 말했다.

만약 내일 당장이라도 모로코가 프랑스에, 인도가 영국에, 페르시아나 중국이 러시아에 전쟁을 선포한다면, 그러한 전쟁들은 누가 먼저 방아쇠를 당겼는가 하는 것과 관계없이 '정당하고 방어적인' 전쟁일 것이다. 그리고 모든 사회주의자들은 억압당하고 종속되어 있고 불평등한 처지에 놓인 국가들이 억압하고 노예소유주적이고 약탈적인 '열강들'에 대항해 승리를 얻기를 바랄 것이다.

우리는 여기에 20세기에 일반 인민이 거둔 위대한 승리들 가운데 하나로서 베트남해방전쟁의 경험을 보낼 수 있을 것이다. 베트남해방전쟁은 세계 최대 열강 미국을 엄청 약화시켰고 미국이 자국에 대항해 봉기를 일으킨 나라들을 침략하지 못하게 했다.

레닌은 그 점을 클라우제비츠의 말을 인용하면서 지적하고 있다. 클라우제비츠는 이렇게 말했다. "전쟁은 다른 (즉 폭력적)수단에 의한 정치의 연속이다." 다시 말해서, "우리는 각각의 전쟁을 따로따로 연구할 필요가 있다고 본다."

1915년에 이러한 생각은 1차대전의 제국주의적이고 약탈적인 성격과 그것의 공공연한 반동적 성격을 설명한다는 것을 뜻했다. 그것은 "조국을 방어하기 위해"자국 지배계급을 지지한 "사회주의자들"과 단호히 결별한다는 뜻이었다.

오늘날 그것은 이라크의 쿠웨이트 합병이 더 이상 문제가 되지 않음을 이해해야 한다는 뜻이다. 오히려 문제는 제국주의의 페르시아만 침공 그리고 아랍 인민과 궁극적으로는 세계의 다른 지역의 인민을 지배할 수 있는 미국의 능력을 강화시키려는 시도이다.

레닌의 분석에서 중심적이었던 것은 폭력과 전쟁이 사회의 자본주의적 조직의 필수불가결한 근본 요소라는 점이다.

국가의 폭력 — 노예, 빈농, 반란을 일으킨 농노, 그리고 오늘날은 노동조합 활동가들과 시위자들에 대한 — 은 체제가 작동하는 방식의 구성 요소이다.

게다가 국가의 무장력이 언제나 보조적인 역할을 해왔다. 즉 국가의 무장력은 그 국가와 다른 국가 및 다른 지배계급과의 경쟁에서 일정한 역할을 해왔다.

지난 세기에 제국주의가 거둔 승리는 세계에서 자본주의적 경쟁이 일차적으로 경제적 영역에서 표현되는 시대는 지났음을 뜻하는 것이었다. 가장 강력한 지배계급들 사이의 경쟁은 그들이 영향력 그리고 시장과 식민지 통제를 위해 서로 다툼에 따라 경제적 및 군사적 동학을 필요로 했다.

자본주의의 동학과 불균등성은 이러한 경쟁이 결코 평화적으로 이루어질 수 없음을 뜻하는 것들이다. 1914년에 그것들은 세계대전으로 폭발하고 말았다. 사회주의 운동이 러시아에서 시작된 혁명을 확산시키지 못한 것은 '평화'가 잠시만 유지될 수 있음을 뜻하는 것이었다.

제국주의의 경쟁은 1939년에 세계를 다시 전쟁으로 몰고 갔다. 그런데 이번에도 전쟁이 끝났어도 평화는 오지 않았다. 오히려 엄청난 파괴를 가져오고 수백만의 사람들의 목숨을 앗아간 일련의 "국지전"은 말할 것도 없고, 역사상 가장 대규모의 위협적인 군비경쟁이 이루어졌다.

주요 두 열강 정부와 제3세계가 자국의 군사력을 뒷받침하기 위해 자국 중공업을 충분히 보호·육성하려는 노력을 기울임에 따라 군비경쟁에 의해 세계 경제 구조가 바뀌었다.

따라서 전쟁으로 나가려는 동학은 자본주의에 절대적으로 필요한 근본 요소인 경쟁과 착취에서 나오는 셈이다. 일본과 독일이 그들이 세계경제에서 지배적 위치를 차지하고 있음에도 불구하고 실제 역할은 그보다 못한 수준에 머무는 이유는 무엇인가? 일본과 독일은 2차대전에서 승리를 거둔 미국과 영국 같은 나라들만큼 군사력을 증강시키는 것을 저지당해 왔기 때문이다.

어째서 미국은 자국의 군대를 세계 도처에 파견하는 것일까? 그것은 바로 자국 경제가 더 이상 지배적 지위를 차지하고 있지 않은 오늘날의 세계에서 자국의 지배력을 유지하기 위해서이다. 미국의 쇠퇴가 야기시킨 긴장은 다소 제약당하고 있지만, 페르시아만 위기에 대한 미국의 폭력적 대응은 우리에게 세계경제가 위기에 빠지고 미국 자본가들이 그들의 경쟁자들에 의해 위협을 당할 때 어떤 일이 일어날 것인가를 어렴풋이나마 짐작하게 해준다.

따라서 결론은 명확하다. 착취와 경쟁을 없애야만 전쟁을 없앨 수 있는 것이다.

그러나 자본주의 체제를 없애는 일은 평화적 토론이나 투표의 문제가 아니다. 오히려 문제는 **혁명**, 즉 기존의 지배계급을 **폭력적으로** 타도하는 것이다.

이 점에서 우리에게는 선택의 여지가 없다. 우리는 자신들의 지위를 보호하기 위해 철저히 무장한 매우 강력한 지배계급의 통치를 스스로 선택하지는 않았다. 일상적 시기에 우리는 국가권력과의 폭력적 대결을 추구하지는 않는다. 그러나 평화적 수단만이 세계를 변화시킬 수 있다고 주장하는 것은 변화에 대한 현실적 기대를 몽땅 저

버리는 것이다. 레닌은 이렇게 말했다. "무기를 사용하는 것을 배우려 하지 않는 피억압 계급은 노예로 취급 당할 값어치밖에 없다."

그러나 레닌은 평화주의 이데올로기를 공격하면서도 다음과 같은 점을 또한 이해하고 있었다.

평화를 사랑하는 대중의 정서는 종종 미숙한 수준의 저항, 분노 그리고 전쟁의 반동적 성격에 대한 의식을 표현하는 것이다. 모든 [혁명가들의] 의무는 이러한 정서를 활용하는 것이다.

그러나 레닌은 전쟁을 단순히 "거부"하거나 "비난"하는 것만으로는 충분하지 않다고 보았다. 그런 일은 어떤 평화주의자도 할 수 있기 때문이다.

그는 사회주의자들이 직면한 임무는 전쟁의 공포를 전쟁을 시작한 사람들에게로 돌리는 것이라고 보았다. 즉 "제국주의 전쟁을 내전으로 돌리는 것"이라고 보았다. 그래서 그는 이렇게 썼다. "우리는 전쟁과 일국 내의 계급투쟁이 뗄 수 없는 관계를 맺고 있음을 이해하고 있다."

전쟁은 초기에 종종 대중의 지지를 받기도 하지만, 전쟁의 비극적 참상은 궁극적으로 사회 내의 모든 계급갈등을 격화시키기 마련이다. 노동자들은 장시간 노동, 열악한 노동조건 그리고 형편없는 임금에 대항하는 싸움을 시작할 수 있을 것이다. 사병들은 적진의 병사들을 친구이자 동맹자로 보고, 보다 많은 죽음을 요구하는 정부와 장교들을 자신들의 공통의 적으로 보기 시작할 것이다.

바로 그런 이유 때문에 전쟁은 종종 거대한 혁명적 봉기를 낳는다. 레닌의 전략이 갖는 현실성은 "제국주의 전쟁을 내전으로 돌리는" 정책이 실제로 1917년의 거대한 러시아혁명을 탄생시켰다는 사실에서 확인될 수 있다.

게다가 1차대전을 실제로 끝낸 것은 1918-19년의 독일혁명이었다. 1905년 1차 러시아혁명은 일본과의 전쟁이 야기시킨 위기 때문에 터졌다. 그리고 2차대전에 뒤이어 유럽과 아시아 전체에서 봉기가 물밀듯이 일어났고, 세계 전역에 파견된 수십만의 영국 사병들 사이에서 반란이 일어났다.

베트남 전쟁 당시에 사병들 사이에서 거대한 불만들이 터져 나왔다. 실제로 베트남 전쟁 기간에 사망한 미군 장교들 가운데 베트남 군대에 의해 죽음을 당한 장교의 숫자보다 사병들에 의해 죽음을 당한 장교의 숫자가 더 많았다. 그리고 미국을 비롯한 다른 나라들에서 베트남 전쟁은 급속한 급진화와 혁명적 조직의 부활을 가져왔다.

페르시아만 전쟁은 의심할 여지없이 이와 똑같은 상황을 만들어낼 것이다. 이미 페르시아만 지역에서는 대규모의 급진화가 일어나고 있다. 주미 요르단 대사는 미군의 주둔이 "급진화와 절망감을 낳았고 그것은 안정을 가져오지 않을 것"이라고 말했다. 시리아에서는 아사드 국왕이 미국을 지지하는 것에 항의하는 대규모 시위가 있었다.

그리고 팔레스타인 점령지구에서는 팔레스타인 젊은이들이 인티파다(intifada)의 운명과 이라크의 대항능력이 서로 연관되어 있음을 느낌에 따라 이라크를 지지하고 있다.

미군과 다국적군의 패배를 지지하는 것이 반드시 페르시아만에 파병된 미군과 다국적군의 사병들이 죽기를 바라는 것은 아니다.

그들은 대부분 노동계급 출신이고 미군의 일부는 흑인들이다. 미군과 다국적군의 철수를 위해 투쟁하는 것은 그들이 고향에 무사히 돌아오도록 투쟁하는 것이다. 이라크 군대 역시 노동계급 출신들이 대부분이기 때문에 그들의 생명에 대해서도 우리는 걱정할 수밖에 없다.

그러나 제국주의자들이 젊은이들을 죽음의 전장으로 내몰 수 있는 능력을 갖고 있다는 것은 변함없는 사실이다. 다국적군의 패배를 바람으로써 우리는 미래의 제국주의의 원정이 더욱 어려워 지게끔 투쟁하는 셈이다. 그것이 바로 베트남 전쟁의 교훈이다.

피비린내나는 전쟁이 시작된다면 사병들 사이에서 반전감정이 생기는 것을 볼 수 있을 것이다.

전쟁은 끔찍스러운 것이다. 페르시아만 침공은 미군의 폭력행위이다. 그러나 이것은 하나의 기회이기도 하다. 미군의 페르시아만 침공은 세계의 수백만의 사람들을 놀라게 했고 많은 사람들로 하여금 자본주의 체제와 지배계급의 잔인성과 호전성을 깨닫게 했다. 따라서 페르시아만 침공은 우리의 지배계급에 대한 새롭고 더욱 전투적인 투쟁을 시작할 수 있는 기회인 셈이다.

그러나 그 기회를 충분히 활용하려면, 반전운동가들이 평화주의라는 잘못된 정치노선을 거부할 필요가 있다. 그들은 미군의 패배를 소리 높여 외쳐야 하고 미군과 다국적군에 대항하는 모든 세력들을 공공연하게 지지해야 한다. 사담 후세인을 지지해야 한다는 것은 두 말하면 잔소리이다.

알렉스 캘리니코스의 방한 강연: 미국의 세계 전략

부시가 계획하고 있는 이라크를 상대로 한 전쟁은 세계 정치의 핵심 쟁점입니다. 그것은 중동에서와 마찬가지로 아시아·유럽·미국에서도 중요한 쟁점입니다. 이라크 전쟁이야말로 부시 정부가 추구하고 있는 세계 전략의 당면한 초점이기 때문입니다. 부시 정부 세계 전략의 목표는 21세기에도 여전히 미국이 세계의 지배적인 자본주의 열강일 수 있게 하는 것입니다.

이 전략을 이해하려면 마르크스주의의 제국주의론이 분석한 맥락 속에 자리매김할 필요가 있습니다. 이 이론은 제1차세계대전

알렉스 캘리니코스. 격주간 〈다함께〉 1호, 2003년 2월 15일. https://wspaper.org/article/585. 이 글은 영국 반신자유주의·반전 사회단체인 '글로벌라이즈 리지스턴스'(저항의 세계화) 소속 활동가이자 영국 사회주의노동자당 중앙위원인 알렉스 캘리니코스가 '다함께' 주최의 정치 학교 '변혁인가 야만인가'에서 강연한 것을 녹취한 것이다. 꺾쇠 괄호 [ ] 부분은 옮긴이가 첨가한 것이다.

직전과 전쟁 당시에 개발된 것으로 거의 1백 년 전에 나온 이론이지만, 오늘날의 세계를 이해하는 데에도 여전히 유효하고 필수적인 이론입니다. 이 이론은 자본주의가 20세기 초에 소수의 자본주의 강대국들이 세계를 지배하는 단계에 이르렀음을 지적합니다. 이 자본주의 열강들, 제국주의 열강들은 단지 시장과 투자 대상을 차지하기 위해 경제적으로 경쟁하는 것이 아니라 지정학적 지배를 위해 군사·외교적으로 경쟁하기도 합니다. 이는 강도들과 약탈자들이 나머지 인류에게서 쥐어짠 이윤을 서로 더 많이 차지하기 위해 벌이는 각축전입니다. 그러나 제국주의 국가들 사이의 그 같은 각축전은 또한 20세기에 세계를 파괴한 모든 전쟁들의 원인이기도 합니다.

워싱턴과 뉴욕에서 테러 공격이 일어난 1년 뒤인 지난해 9월에 부시 정부는 국가안보전략을 발표했습니다. 그 보고서에는 미국 지배자들이 진짜로 우려하는 대상은 사담 후세인이나 김정일 또는 이른바 "불량 국가"들이 아니라는 것이 명백히 드러납니다.

제국주의적 오만

그들[미국 지배자들]은 다른 자본주의 대국들에 비해 미국의 경제적 지위가 그다지 지배적이지 않다는 것을 잘 알고 있습니다. 유럽연합의 경제는 이제 미국과 규모가 비슷하고 프랑스와 독일 경제의 생산성은 미국 경제보다 높습니다. 또한 그들[미국 지배자들]은 기존의 산업 대국들을 제쳐 두고라도 중국을 매우 경계하고 있습니다. 그들은 현재 중국의 경제 성장이 앞으로 10~20년 더 지속된다면 중국 경제가 미국 경제와 규모가 비슷해지거나 더 커질 수도 있다고 말합니다. 그래서 국가안보전략 보고서는 미국의 "필적할 만한 경쟁국들"의 성장을 "유심히 지켜보고 있다"고 밝혔습니다. 다시 말해, 그들은 유럽연합·일본·중국·러시아, 심지어 인도 등 적어도 특정 지역에서만큼은 미국에 도전할 수 있는 경제력·군사력을 갖춘 국가들을 경계하고 있습니다. 보고서는 또한 "우리는 다른 어느 국가도 미국에 군사적으로 도전하지 못하게 할 것이다"고 쓰고 있습니다.

그러나 저는 그들의 의도가 단지 이것만은 아니라고 생각합니다. 미국의 지도자들은 자신들이 경쟁자들에 비해 한 가지 중요한 면에서 유리하다는 것을 알고 있습니다. 그것은 바로 미국의 군사력이 다른 모든 강대국들의 군사력을 합친 것보다 더 강력하다는 사실입니다. 따라서 그들은 9·11 테러를 기회로 자신들의 군사력을 이용해 미국의 세계적 지위를 굳히려고 하고 있습니다. 9·11 테러의 결과로 그들은 중앙아시아에 일련의 군사 기지를 확보하고 있습니다. 예전에 소련 제국의 일부였던 중앙아시아는 에너지 자원이 풍부한 지역입니다. 부시 정부는 1990년대에 미군이 철수해야만 했던 필리핀에 미군을 다시 주둔시켰습니다. 바로 오늘만 해도 미국은 콜롬비아에 병력을 보내서 베네수엘라 국경 인접 지역에 파견하려 합니다. 베네수엘라도 중요한 석유 매장 지역입니다.

그러나 이런 행동이 보여 주듯, 미국의 세계 전략에는 정치적 목적

뿐 아니라 경제적 목적도 존재합니다. 국가안보전략 보고서에서 부시는 오직 미국식 경제 모델만이 국가 성공의 지속 가능한 대안을 제시한다고 말했습니다. 달리 말해, 제대로 작동하는 경제 모델은 미국식 자유 시장 자본주의밖에 없다는 것입니다. 또한 보고서는 중국이 미국의 모델을 수용한다면 미국은 중국과 우호적인 관계를 가질 수 있을 것이라고 말합니다. 이것은 놀랍기 그지없는 제국주의적 오만입니다.

제국주의 시대는 끝났는가?

어떤 사람들은 제국주의의 시대가 이미 지나갔다고 말합니다. 21세기는 다르다고 말합니다. 이탈리아인 안토니오 네그리와 미국인 마이클 하트가 공동 저작한 책이 있습니다. 제목이 《제국》인데, 아마 최근에 한국어로도 번역됐을 것입니다. 그들은 자본주의가 제국주의 대국들 사이의 대립을 극복했다고 말합니다. 자본주의는 이제 국가 간의 차이를 극복하게 하는 세계 규모의 경제·정치 네트워크로 이뤄져 있다는 것입니다.

이것은 오래된 좌파 사상입니다. 1914년 7월에 칼 카우츠키라는 당시의 지도적 마르크스주의자는 자본주의가 국가간 갈등과 차이를 극복했다고 썼습니다. 그는 자본가들에게 더는 전쟁이 필요하지 않다고 했습니다. 그는 시야가 넓은 자본가들은 '만국의 자본가들이여, 단결하라'는 구호를 내걸어야 한다고 말했습니다.

그가 이 글을 쓰고 나서 한 달 뒤에 제1차세계대전이 일어났습니다.

막상 부시 정부의 사고 방식을 보면, 그들 자신은 제국주의의 시대가 지나갔다고 생각하지 않습니다. 부시 정부를 단순한 바보들과 불한당들의 집단으로만 여기는 것은 큰 실수입니다. 비록 부시본인과 국방장관 도널드 럼스펠드가 그런 인상을 풍기지만 말입니다.

석유에 걸린 이해 관계

물론 석유 문제도 빠질 수 없습니다. 부시 정부의 고위 관료들은 거의 다 석유 업계의 임원 출신입니다. 부시가 집권하자마자 부통령 체니는 장기적인 미국 에너지 수요에 대한 평가를 시행했습니다. 평가 결과인즉, 미국의 경제 모델은 화석 연료를 극도로 많이 소모하는 모델이라는 것입니다. 부시 정부는 지구 온난화에 관한 교토의정서를 찢어발김으로써 그러한 경제 모델을 충실히 받들겠다는 의지를 드러냈습니다. 그러한 모델을 지속하려면 미국은 석유 수입에 점점 더 많이 의존해야 합니다. 그렇게 되면 미국은 중동이나 중앙아시아처럼 불안정하고 잠재적으로 적대적인 석유 생산 지역에 경제적으로 의존하게 될 것입니다.

산유국 가운데 이라크는 악랄한 독재자가 있는 나라일 뿐 아니라 세계 2위의 석유 매장량을 자랑하는 나라이기도 합니다. 매장량 1위는 사우디 아라비아입니다. 그러나 예전엔 매우 굳건했던 미국과 사우디의 관계가 지금은 매우 악화되고 있습니다. 사우디의 석유 왕자들조차 이스라엘에 대한 미국의 지원을 증오합니다. 그리고 미국은 9·11 테러를 자행한 테러리스트의 대다수가 사우디 아라비아 출신이라는 사실을 잊지 못합니다. 일부 공화당 우익들은 사우디 아라비아도 "악의 축"에 속한다고 생각합니다. 그 가운데 한 명은 국방부 브리핑에서 미국이 사우디 아라비아 소재 이슬람 성지인 메카와 메디나를 공격하겠다고 위협해야 한다고 주장했습니다. 미국과 사우디 아라비아의 동맹은 제2차세계대전 종전 이후 미국 석유 정책의 핵심이었습니다. 따라서 현재의 상황은 그들에게 매우 위험합니다.

그러나 그들이 이라크를 점령하고 꼭두각시 정권에 앉힐 만한 사람을 찾을 수 있다면 얘기는 다릅니다. 딴에는 이라크 민주주의 야당의 지도자라는 부패한 정치인이 한 사람 있습니다. 그는 자신이 소유한 은행이 수상한 사정으로 도산한 뒤에 어쩔 수 없이 요르단에서 도망 나온 인물입니다. 이런 작자를 이라크의 꼭두각시 정권에 앉히면 미국은 세계에서 둘째로 많이 매장된 석유를 지배할 수 있게 됩니다. 그들은 중동의 모든 아랍 지도자들을 공포에 떨게 만들 것입니다. 그리고 미국보다 석유 수입에 더 많이 의존하는 유럽연합과 일본에 압력을 가할 수 있을 것입니다.

요약하자면, 미국이 계획하고 있는 이라크 전쟁은 세계의 모든 불의를 집약적으로 보여 줍니다. 그것은 제국주의적 오만을 보여 줍니다. 핵무기를 독점하려는 미국과 그 우방국들의 의도를 보여 줍니다. 매우 불의하고 환경 파괴적인 경제 모델을 미국에서 유지하려는 의도를 보여 줍니다.

북한의 "대량 살상 무기"?

지금껏 저는 부시가 이 전쟁의 명분으로 내세우는 "대량 살상 무기"에 대해서는 한 마디도 하지 않았는데, 그건 언급할 가치조차 없는 너무나도 우스운 명분이기 때문입니다. 저는 어제 미국이 1950년 대부터 한반도에서 실행해 온 정책에 대해 읽어 봤습니다. 현재 "북한 핵무기"를 둘러싸고 그토록 난리를 치고 있는 미국은 이미 1950년대에 정전협정을 무시하고 남한에 핵무기를 들여왔었습니다. 그러니까 미국 말고 다른 국가는 대량 살상 무기를 보유할 권리가 없다는 것입니다. 실제로는, 이 말은 참말이 아닙니다. 이스라엘은 대량 살상 무기를 보유해도 괜찮습니다. 이스라엘은 2백 기의 핵탄두를 가지고 있습니다. 사담 후세인은 몇 개나 갖고 있을까요? 단 하나도 없습니다. 이것은 너무나 터무니없는 위선입니다.

저는 북한 정권을 어떤 면에서도 지지하지 않지만, 그럼에도 현재 한반도 위기의 가장 큰 책임은 미국에 있다고 생각합니다. 그리고 미국은 이미 위험한 상황을 더 위험하게 만들고 있습니다. 현재의 한반도 위기는 동아시아에서 더 광범한 군비 경쟁을 초래할 가능성이 높습니다. 일본 또는 남한조차 핵무기를 보유하려 할 수 있을 것입니다. 다시 말해, 오늘날 세계에서 핵무기 확산에 가장 크게 기여하는 국가는 바로 미국입니다.

성장하는 반전 운동

이 전쟁은 꼭 저지해야 하는 전쟁입니다. 그리고 제가 들려 줄 수 있는 기쁜 소식은 이 전쟁을 저지할 수 있는 유리한 전망이 보인다는 것입니다.

오해가 없도록 덧붙이겠습니다. 부시 정부는 이 전쟁에 목숨을 걸고 있습니다. 부시 정부의 강경 핵심부는 국제 사회의 지지가 없더라도 전쟁을 벌이고 싶어합니다. 그들은 부시에게 만약 그가 지금 물러선다면 그는 레임덕 대통령이 될 것이라고 말하고 있습니다. 맞는 말입니다. 그런데 문제는 미국민들조차 이라크 전쟁에 대해서는 이들을 지지하지 않는다는 것입니다. 여론 조사는 다음의 두 가지 조건이 충족될 때만 국민 과반수가 이라크 전쟁을 지지할 것이라는 점을 보여 줍니다. 첫째, 사담 후세인이 대량 살상 무기를 갖고 있다는 확실한 증거가 있을 것. 둘째, 미국이 단독으로 행동하지 않을 것. 부시 정부가 이 두 가지 요구를 모두 충족시키기는 매우 어려울 것입니다. 부시 정부는 국제적으로 매우 고립돼 있습니다.

이것은 정말 기막히게 좋은 일입니다. 모두들 미국의 군사력이 세계 역사상 가장 강력하고 미국이 로마 제국보다 더 강하다는 등의 얘기를 하지 않습니까? 그런데 세계의 나머지 부분을 지배하는 강도들과 사기꾼들조차 이 전쟁에서 미국을 지지하지 않으려 하고 있습니다. 부시는 전쟁을 수행하기 위해 최소한 두 국가가 필요합니다. 터키와 영국이 그들입니다. 터키는 이라크와 국경을 맞대고 있기 때문에 필요합니다. 그러나 며칠 전 터키 대통령은 "미안하다. 우리는 이라크를 상대로 하는 대규모 전쟁을 도와 줄 수 없다"고 말했습니다. 반면, 토니 블레어는 전쟁을 미치도록 원하고 있을 것입니다. 그의 국내 정책은 완전히 실패했습니다. 그래서 그는 미국의 거대한 전쟁몰이에 합류함으로써 위기를 벗어나고 싶을 것입니다. 문제는 영국에서 엄청난 전쟁 반대 여론이 존재한다는 것입니다. 지난해 9월에는 40만 명이 전쟁 반대 행진을 벌였습니다. 최근 여론조사에 따르면, 영국인의 32퍼센트는 UN(국제연합)의 지지를 받을 경우에도 전쟁에 반대한다는 태도입니다. 정보에 밝은 어느 기자가 며칠 전에 영국 내각은 이라크 전쟁 문제를 두고 분열돼 있지 않다고 말했습니다. 내각은 전쟁에 반대하는 쪽으로 의견이 통일돼 있다는 것입니다. 그러므로 토니 블레어는 혼자입니다. 영국에서 일어나고 있는 일은 크게든 작게든 유럽에서도 일어나고 있습니다. 어제 밤에 피렌체의 유럽사회포럼(ESF)에 관한 영상물을 보신 분들은 11월 9일 피렌체에서 열린 1백만 명 규모의 기막히게 멋진 반전 시위가 어떤 것이었는지 느끼셨으리라 믿습니다.

그런데 이 반전 운동의 놀라운 점 가운데 하나는 전쟁이 아직 시작되지도 않았다는 것입니다. 저는 베트남 전쟁에 대한 반대 운동이 아직까지 현대사에서 가장 위대한 반전 운동이었다고 생각합니다. 하지만 미국 내에서 베트남 전쟁에 대한 반대 운동이 건설된 역사를 읽어 보면, 반전 시위가 일정 규모 이상으로 성장하기까지는 몇 년이 걸렸음을 알 수 있습니다. 그러나 이번에는 총성이 울리기도 전에 세계 곳곳에서 거대한 반대 운동이 일어나고 있습니다.

반전 운동의 정치적 배경

어떻게 이런 일이 일어나고 있는지 이해하려면 우리는 반전 운동이 탄생한 정치적 배경을 살펴봐야 합니다. 베트남 반전 운동의 경우 반전 운동 자체가 대중적 급진화를 불렀습니다. 반전 운동을 계기로 전 세계에서 수십만 명이 처음에는 단지 전쟁을 반대하는 것에서 출발했다가 나중에는 제국주의 전체에 도전하는 혁명가로 변신했습니다. 그러나 이번에는 반전 운동이 더 광범한 대중적 급진화를 밑거름으로 해서 탄생했습니다. 자본주의 세계화에 반대하는 운동이 성장하면서 나타난 대중적 급진화가 반전 운동을 싹트게 한 것입니다.

그렇다면 왜 반전 운동이 이탈리아에서 그토록 커졌을까요? 그것은 2001년 7월에 제노바에서 30만 명이 G8(주요 8개국)에 반대하는 시위를 벌였기 때문입니다. 그 시위 덕분에 2001년 여름 이탈리아 사회 전체가 급진화의 물결에 휩싸였습니다. 그러한 물결은 아프가니스탄 전쟁 반대 운동으로 번졌습니다. 2001년 11월에 이탈리아 총리이며 부패한 우익 정치인인 베를루스코니는 미국에 연대하는 집회를 열자고 호소했습니다. 사람들을 그 집회로 끌어모으기 위해 대중 매체가 총동원됐습니다. 결국 3만 명이 미국에 연대하는 집회에 모였습니다. 반면, 같은 날 로마에서 열린 반전 시위에는 15만 명이 참가했습니다. 다시 말해, 이탈리아 전역의 활동가들이 이탈리아 반전 운동의 강력한 기반을 이루고 있습니다. 반전 운동은 그 뒤로 지난해 이탈리아에서 일어난 두 차례의 총파업에도 참가했고 피렌체의 유럽 사회포럼도 건설했습니다.

영국에는 아직 이런 규모의 운동이 없습니다. 그러나 저희 가운데 많은 수가 초기의 반자본주의 시위들에 참가했습니다. 저희는 2000년 9월 프라하에서 열린 IMF 반대 시위에도 참가했습니다. 또한 제노바에서 이탈리아 동지들과 함께 행진했습니다. 그리고 2001년 가을에 전쟁이 일어나자 제노바에 영국측 사절단으로 참가한 사람들이 주축이 돼 영국의 반전 운동을 건설했습니다. 저희는 전쟁저지연합(Stop the War Coalition)을 건설해 극좌파, 노동당 좌파, 평화 활동가, 그리고 매우 중요하게는 무슬림 단체들도 함께 참여하는 광범한 공동 전선을 건설했습니다. 저희는 특히 영국의 무슬림과 아시아 계 소수 인종들을 반전 운동에 연루시키기 위해 투쟁했습니다. 끔찍한 인종 차별의 피해자들 말입니다. 만약 저희가 선진 자본주의 나라들에서 맹위를 떨치고 있는 이슬람 혐오증에 굴복했더라면 젊은 무슬림 청년들을 알 카에다의 품으로 도망가게 만드는 결과를 초래했을 것입니다. 또한 영국의 반전 시위들은 단지 전쟁에만 반대하는 것이 아니라 이스라엘의 팔레스타인 억압에도 반대했으며, 다국적 기업들의 권력, 그리고 IMF와 WTO의 신자유주의 정책에도 반대했습니다.

더 커질 반전 운동

피렌체의 유럽사회포럼은 전 유럽 반전 행동의 날로 2월 15일을 잡자고 호소했습니다. 하지만 그 날의 반전 행동은 유럽의 경계를 훨씬 초월할 것 같습니다. 제가 최근에 얻은 정보에 따르면 2월 15일에 시위가 예정된 나라나 도시는 다음과 같습니다 — 카이로, 오스트레일리아, 마닐라, 런던, 글라스고, 마케도니아의 도시 스코피아, 파리, 코펜하겐, 로마, 스톡홀름, 오슬로, 암스테르담 등등. 아마도 서울에서도 반전 시위가 열리겠지요. 이처럼 반전 운동과 공동 행동들은 세계 규모로 발전하고 있습니다.

런던에서는 지난 번보다도 더 큰 반전 시위가 열릴 가능성이 높습니다. 전쟁저지연합의 동지들 몇 명이 집회 신고를 내려고 경찰서에 갔습니다. 전에는 경찰이 참가자 수에 관한 시위 주최측의 예상을 얕잡아보곤 했습니다. 그런데 이번에는 달랐습니다. 경찰은 그 동지들에게 참가자가 몇 명이나 될 것 같은지 물었습니다. 그 동지들은 조심스럽게 "한 20만 명 정도 될 것 같다"고 말했습니다. 그러자 경찰은 "아니다. 그것보다 훨씬 클 것이다." 하고 말했습니다. 그 자리에 있었던 매우 보수적인 한 공무원도 "내가 봐도 그렇다. 그보다는 훨씬 클 것이다." 하고 말했습니다. 동지들은 "그걸 어떻게 아느냐"고 물었습니다. 그러자 그는 "왜냐하면 나도 거기에 참가할 것이기 때문이다." 하고 답변했습니다. 이렇듯 우리는 계속 성장하고 있는 운동의 일부입니다.

이번 주에 세계 곳곳의 반자본주의 운동은 브라질의 포르투 알레

그레에서 모일 예정입니다. 남한에서도 몇 명이 여기에 참가할 예정이라니 정말 뿌듯합니다. 영국과 유럽의 다른 나라들에서 올 대표들은 이라크 전쟁이 세계 반자본주의 운동이 가장 우선으로 다뤄야 할 쟁점이라고 강력하게 주장할 것입니다.

전쟁에 걸린 판돈

이것이 제가 말씀드리고 싶은 결론입니다. 이 전쟁에는 엄청난 판돈이 걸려 있습니다. 만약 미국이 승리한다면 그것은 미국 자본가들만 강화하는 것이 아니라 전 세계의 자본가들을 강화할 것입니다. 이라크에 대한 미국의 승리는 전 세계의 기업주들에게 자신들의 계획을 더 효과적으로 밀어붙일 수 있는 여건을 제공해 줄 것입니다.

어제 밤에 피렌체에 관한 영상물을 보신 동지들은 저항의 세계화에서 활동하고 있는 조녀선 닐 동지의 인터뷰를 기억하실 것입니다. 그가 정확히 지적했듯이, 만약 이라크 전쟁에서 미국이 승리한다면 사장들은 더 손쉽게 우리에게서 학교와 병원들을 빼앗을 수 있을 것입니다.

다시 강조하건대, 이 전쟁은 단지 미국의 제국주의적 지배를 위한 전쟁만은 아닙니다. 그것은 무시무시한 불평등과 파괴를 동반하는 신자유주의적 자본주의 모델을 유지하기 위한 전쟁입니다. 따라서 미국의 승리는 다른 모든 사람들의 패배입니다.

반면, 미국이 진다면 전 세계에서 해방을 위해 투쟁하는 사람들이 힘을 얻을 것입니다. 베트남 전쟁에서 미국의 패전이 얼마나 세계 각지의 지배 계급을 약화시키고 혼란에 빠뜨렸는지 기억하십시오. 미국이 이른바 "베트남 증후군"을 극복하는 데는 오랜 세월이 걸렸습니다. 베트남 증후군은 미군 해외 파병에 대한 정치적 반대를 말합니다. 오늘날에도 그들[미국 지배자들]은 전쟁에서 많은 부상자를 내서는 안 된다는 것을 알고 있습니다. 일단 미군의 시신이 미국으로 돌아오기 시작하면 전쟁에 대한 지지는 폭락할 것입니다.

전쟁은 군사적 수단에 의한 정치의 연장

저는 미국이 군사적으로 패배하리라고 말하는 것은 아닙니다. 미국은 1990년 이후로 세 차례의 전쟁을 치렀습니다. 1991년의 걸프 전쟁, 1999년의 발칸 전쟁, 그리고 2001년의 아프가니스탄 전쟁 말입니다. 미국은 세 전쟁 모두에서 비교적 쉽게 이겼습니다.

사실, 아프가니스탄 전쟁에서 미국이 이겼는지는 확신할 수 없습니다. 미국의 용병들이 아프가니스탄 도시들을 장악하긴 했지만, 제생각에 탈레반은 게릴라 전쟁을 수행하기 위해 산으로 도주한 듯합니다.

하지만 설사 그렇다 해도 우리는 사담 후세인처럼 악랄하고 잔인한 정권이 미국을 군사적으로 물리칠 수 있을 것이라는 희망을 걸어서는 안 됩니다.

제가 미국이 질 수 있다고 말한 것은 미국이 정치적으로 질 수 있다는 뜻입니다. 미국이 베트남에게 진 것도 정치적으로 진 것입니다. 군사적으로는 베트남이 미국을 이기지 못했습니다. 그 유명한 1968년의 떼뜨(구정) 공세는 베트콩에게는 군사적 측면에서 재앙이었습니다. 북베트남의 재래식 군대가 1972년에 남베트남을 침공했을 때는 미국의 대대적인 폭격 때문에 퇴각해야 했습니다. 3년 뒤인 1975년에 북베트남의 탱크가 다시 남베트남으로 진격했을 때는 더는 미국의 폭탄이 떨어지지 않았습니다. 왜 그랬을까요? 미국 국회가 베트남에서 미국 정부의 공군력 사용을 금지했기 때문입니다. 다시 말해, 베트남 해방 투쟁은 미국의 막대한 군사력을 꺾었기 때문에 승리한 것이 아닙니다. 그 투쟁이 미국 내에서 정치 위기를 일으켰기 때문에 승리할 수 있었던 것입니다. 미국에서 발생한 반전 운동이 워낙 거셌기 때문에 미국 지배자들은 베트남에서 철수해야만 했던 것입니다.

우리가 오늘날 부시와 그의 장관들에게 안겨 줄 수 있는 패배는 바로 그런 종류의 패배입니다.

우리는 세계의 어느 정부도, 심지어 토니 블레어도 감히 부시의 이라크 전쟁을 지지하지 못할 만큼 강력한 국제 운동을 건설할 수 있습니다. 우리는 전쟁에 관한 미국 내의 여론 분열을 더욱 심화시킬 정도로 강력한 국제 운동을 건설할 수 있습니다. 우리는 부시가 이라크 공격 계획을 연기하거나 아예 폐기하도록 강요할 수도 있습니다.

우리는 지금 이기고 있다

우리는 지금의 세계 정세에 긴장할 필요가 있습니다. 9·11 테러 이후 미국 정부가 보여 준 행동 때문에 분명 세계는 더 위험한 곳이 됐습니다. 그러나 우리는 세계 정세에서 자신감을 얻을 수 있습니다. 우리는 이기고 있습니다. 이 말은 세계적인 반자본주의 투쟁의 시작을 알린 1999년 시애틀의 WTO 반대 시위대가 외친 구호입니다. 우리는 이기고 있습니다. 이 말은 월든 벨로가 피렌체 유럽사회포럼에서 한 말입니다. 우리는 이기고 있습니다. 이 말은 또한 우리 모두가 제국주의와 전쟁에 반대하는 운동을 건설하면서 할 수 있는 말입니다.

유럽 반전 운동이 주는 교훈

그래서 제 생각에 유럽 반전 운동이 던져 주는 교훈은 두 가지인 듯합니다. 우리는 전쟁에 반대할 태세가 돼 있는 사람들을 모두 결집시켜야 합니다. 그러나 그러한 시위들을 역동적으로 만드는 요인은 바로 그런 시위들이 더 넓은 정치적 급진화에 도움을 주는 방식입니다.

그런데 이제 운동의 시야는 더 넓어지고 있습니다. 11월 9일에 피렌체에서 열린 시위는 이라크 전쟁에 반대하는 최초의 범(凡)유럽 시위였습니다. 그 시위는 이탈리아와 영국 활동가들이 펼친 주장의 결과로 탄생했습니다. 이탈리아와 영국의 활동가들은 모두 전쟁이 가장 중요한 쟁점이라는 것을 이해했기 때문입니다.

물론 유럽사회포럼 역시 다른 사회포럼들처럼 신자유주의와 자본주의에 반대합니다. 하지만 이라크 전쟁이야말로 다른 모든 쟁점을 하나로 모아 주는 구심입니다.

우리는 그 지위를 얻기 위해 싸워야 했습니다. 특히 프랑스의 반자본주의 네트워크인 ATTAC(금융거래 과세 시민연합) 사람들은 전쟁보다 무역 자유화 등의 쟁점이 더 중요하다고 말했습니다. 그들은 프랑스에서 전쟁 반대 운동에 사람들을 동원하기는 힘들다고 주장했습니다. 그런 태도를 볼 때 프랑스의 반전 운동이 유럽에서 가장 약하다는 사실은 그다지 놀라운 것이 아닙니다.

우리는 또한 이라크 전쟁 외에 다른 전쟁들도 많다는 주장에도 대응해야 했습니다. 콜롬비아 내전도 있고, 아프리카에서도 많은 전쟁들이 일어나고 있는데 왜 굳이 이라크 전쟁에 관심을 기울여야 하는가?

저희는 그 답은 간단하다고 말했습니다. 이라크 전쟁이야말로 미국 제국주의 전략의 핵심 포석이기 때문입니다. 그리고 그 전략을 좌절시키는 것에 우리 모두의 미래가 걸려 있기 때문입니다.

전쟁과 사회주의

번역자 서문

소련과 동유럽의 스탈린주의 정권이 무너짐으로써 냉전이 종식되자, 이제 군사적 긴장이 완전히 사라질 것이라는 기대가 우익과 좌익 모두를 지배했다.

그러나 지난 몇 년 동안의 경험은 세계가 평화로 가고 있는 것이 아니라 오히려 더 큰 불안정과 갈등 속으로 빠져들고 있다는 것을 보여 주었다. 냉전 해체 이후에 미국은 더욱더 군사적 힘에 많이 의존하고 있다. 이전 시기 동안 자신이 누린 패권을 새롭게 부상하고 있는 독일·일본·중국 등의 강대국들로부터 지키기 위해서이다.

신세계질서를 선언한 바로 다음해인 1991년에 미국의 부시는 이

존 리즈(John Rees)가 쓴 같은 제목(Socialist and War)의 소책자를 번역한 것이다. 저자 존 리즈는 영국 사회주의노동자당(SWP)의 이론지《국제사회주의》(*International Socialism*)의 편집자이다.

라크를 침공하여 제2차 걸프전을 일으켰다. 최근 또다시 미국은 크루즈미사일을 앞세워 이라크를 공습했다. 1992년부터 시작된 북한에 대한 미국의 핵 위협은 1994년 봄에는 마침내 한반도를 전쟁 직전 상황으로까지 몰고갔다. 미국의 '뒷마당'인 라틴아메리카와 내전이 끊이지 않는 아프리카도 계속 강대국들의 공격에 시달리고 있다.

이런 상황에서 지배자들의 무기감축협정이나 평화회담 따위가 진정한 평화를 가져다 줄 것이라고 기대하는 것은 매우 어리석은 생각이다. 그런데도 전국연합은 지난 4월에 미국과 남한이 제안한 4자회담을 두고 "한(조선)반도의 평화질서를 수립하는 문제를 풀어갈" 수단(〈전국연합 통신〉 104호, 32쪽)이라고 주장했다.

그러나 전쟁의 원인인 제국주의 세계체제를 공격하지 않은 채 추상적으로 '평화'를 말하는 것은 매우 위험하다. 그것은 도덕적 설득으로 지배자들의 교전행위를 지연시켜 보려 했던 서구의 사회민주당 지도자들처럼, 정작 중요한 순간에는 자기 정부를 지지하는 애국주의로 돌아서 버릴 수 있다.

따라서 사회주의자들은 진짜 평화를 원하지만 '평화주의자'는 아니다. 제1차세계대전과 베트남전쟁 때처럼, 노동자 계급이 "전쟁에 맞선 전쟁"을 벌이는 것만이 진정한 평화를 가져올 수 있다.

1. 자본주의와 전쟁

자본주의는 인류 역사에서 가장 잔인하고 호전적인 사회이다. 알렉산더 대왕이 이끌던 대군도 베트남전쟁에서 죽은 사람들의 수에는 훨씬 못미친다. 중세의 십자군이 사용했던 어떤 무기도 일주일 안에 할 수 없었던 일을 현대의 파쇄 폭탄은 단 몇 초만에 끝내 버릴 수 있다. 특히 20세기에는 그 전보다 훨씬 더 많은 사람들이 전쟁으로 죽었다.

자본주의는 처음부터 피를 뚝뚝 흘리며 태어났고, 나이를 먹으면 먹을수록 대량 학살에 대한 욕구도 점점 더 커졌다. 최초의 자본주의 국가인 영국은 찰스 1세를 처형하고 구질서를 청산하자마자 첫 식민지인 아일랜드와 자메이카의 원주민들을 학살하기 시작했다.

미국 정착민들은 영국의 지배라는 굴레에서 자유롭게 되자마자 미국과 캐나다에 살고 있던 인디언들을 절멸시켰다. 그 동안에 영국은 인도와 아프리카 그리고 그밖의 다른 지역에서 새로운 피를 뿌리고 있었다.

프랑스대혁명은 프랑스를 왕과 귀족의 압제로부터 벗어나도록 만들었다. 그러나 자본가 계급이 돌이킬 수 없이 확고한 계급이 되자마자 나폴레옹의 군대는 제국을 건설하려고 했다. 프랑스 군대는 오늘날에도 여전히 제국의 마지막 잔재를 방어하기 위해 싸우고 있다

산업이 전세계로 뻗어나가면서 금·노예·석유·아편을 찾고 시장과 값싼 노동력과 전략적 이익을 추구하는 다른 후발 국가들 — 독일·일본·이탈리아·러시아 — 이 초기 자본주의 국가들의 대 열에 끼어들었다. 이들 사이의 경쟁으로 말미암아 제1차세계대전이 벌어졌다. 전쟁의 도화선이 된 제국주의 경쟁은 산업 발달에 따른 결과였다. 이점은 제1차세계대전이 이제까지 치렀던 것 가운데 분명히 가장 피비

린내 나는 전쟁이었음을 뜻한다.

산업이 발달하기 전에는 상상도 할 수 없었던 대량파괴 무기들이 이제 수백만 명을 살상했다. 탱크와 기관총, 독가스와 항공기가 등장함으로써 사망자의 대다수가 질병이 아니라 상대국 병사들의 손에 희생되었다. 이것은 제1차세계대전에서 처음 나타난 현상이었다. 영국 한 나라만 보더라도 솜(Somme)[영국해협]으로 들어가는 프랑스 강: 역자] 전투에서 단 하루만에 2만 명이 목숨을 잃었다. 전쟁이 계속된 4년 동안 모두 1백만 명이 죽었다. 자본주의의 산업은 일단 전쟁을 일으키면 전쟁을 지속시키기도 해야 한다. 노동통제·검열·징병·도시에 대한 폭격 등 으로 이 전쟁은 전쟁터에서뿐만 아니라 후방에서도 전투가 벌어지는 최초의 전면전이 되었다.

제1차세계대전은 전쟁을 낳은 위기를 전혀 해결하지 못했다. 자본주의의 경제위기는 계속되었고, 제국주의 경쟁에 뒤늦게 뛰어든 국가들은 기존의 강대국들이 설정해 놓은 제약들을 하찮게 취급했다. 새로운 국제 질서를 수립할 것으로 여겨졌던 평화 회의가 열린지 꼭 20년 만에 제2차세계대전이 터졌다.

제1차세계대전의 사악한 특징들이 양차 대전 사이에 더 강화되었다. 더욱 끔찍한 무기들이 더 많은 인명을 날려 버렸다. 이런 현상은 이미 패망한 일본에 미국이 핵폭탄을 투하한 사건에서 절정을 이루었다. 영국이 드레스덴과 같은 독일의 여러 도시를 융단폭격한 것이 입증해 주듯이, 교전에서 민간인들이 표적이 되는 경우가 점점 더 늘어났다. 소련 한 나라에서만 2천만 명이 죽었다.

전쟁이 끝날 무렵에 주요 열강들은 몸의 먼지를 털어낸 뒤 이내 또 다른 전쟁을 준비하기 시작했다. 군비 지출이 전례 없는 수준에 이르렀다. 나치의 로켓 연구 과학자들은, 그들이 히틀러 치하에서 연구하기 시작한 무기들을 완성하기 위해 미국과 영국으로 긴급 호송되었다. 그 뒤 겨우 5년만에 한국전쟁이 벌어졌고, 150만 명이 희생되었다. 한국전쟁이 끝나자 10년만에 베트남전쟁이 일어났다. 이 전쟁에서 5만 5천 명의 미군이 죽었다. 베트남 인들의 해방 투쟁은 결국 250만 명이 죽는 대가를 치러야 했다. 사망자의 대다수는 미군과 융단폭격 그리고 네이팜탄이 살해한 농민들이었다.

그러나 베트남과 한국의 경우는, 1945년에 평화를 경축한 이후로 세계인의 이목을 끌었던 가장 유명한 전쟁들일 뿐이다. 실제로 세계는 단 하루도 평화롭지 못했다. 80건 이상의 전쟁이 장성과 군수품들을 바삐 움직이도록 해 왔다. 사망자 수가 1500만에서 3천만 사이이다. 오늘날 약 40개의 국가가 전쟁(또는 내전)에 얽매여 있거나 인접국의 침략 위협 때문에 불안정한 상태에 있다.

희생자의 수는 단순히 폭탄과 총에 의해 살해된 사람들을 헤아림으로써만 확인할 수 있는 것이 아니다. 오늘날 약 1300만 명이 자기 조국을 탈출했고, 또 1600만의 난민이 고향을 등지고 도처를 떠돌고 있다. 이것은 제2차세계대전이 끝날 무렵에 유럽을 횡단한 집없는 유랑민들보다 훨씬 더 규모가 크다.

실제의 교전 행위가 일어나지 않을 때조차도 군수 산업에 헤아릴 수 없이 많은 돈을 쏟아붓는다는 것은, 날마다 갓난아기와 노인, 병자와 무주택자, 극빈자들이 죽어가야 함을 뜻한다. 왜냐하면 그들의 목숨을 구할 수 있는 수단들이 무기 생산에 다 소비되어 버리기 때문이다.

그러면, 우리가 살고 있는 체제는 왜 이토록 유혈낭자한가? 세대가 바뀌어도 대량학살이 계속되는 이유는 무엇인가? 도대체 전쟁 없는 자본주의 체제란 게 가능하기나 한 것일까?

우익이 늘 우리에게 얘기하는 것처럼 자본주의의 핵심은 경쟁이다. 경쟁은 가장 비능률적인 사람들을 궁지에 몰아넣으며 그리하여 가장 이윤을 많이 올리는 사람들만이 살아 남는다. 그것이 모퉁이의 가게와 같이 작은 것이든 포드 자동차 회사와 같은 대기업이든 관계없이 회사는 늘 새로운 고객과 시장 그리고 더 값싼 물자의 공급원을 찾으려고 노력한다. 그리고 노동자들에게는 경쟁사들보다 임금을 더 적게 지급하려고 한다. "민족의 이익"은 곧 "우리의" 시장과 "우리의" 산업을 보호하는 것이라고 정의된다.

경제학 교과서에 따르면 이러한 경쟁은 완전히 평화로우며, 인격과 무관한 시장의 작동을 통해서 이루어지고 있을 뿐이다. 그러나 현실에서 경쟁은 결코 평화롭지 않았다. 자본가들은, 그들이 노동자들을 다루거나 경쟁자들을 대할 때 규칙에 결코 얽매이지 않았다. 고용된 깡패들이 노동조합 집회를 박살내고 군대가 파업을 파괴하곤 한다. 경찰과 법, 언론과 사법부는 임금을 낮은 상태로 유지하고 노조를 무력화하고 싶어하는 고용주들이 시키는 대로 언제나 해 왔다. 톨퍼들의 순교자에서 1926년 총파업을 거쳐 1984년의 거대한 광부 파업에 이르기까지 그것이 바로 영국 계급투쟁의 역사이다.

다른 자본가들과 경쟁하게 되면서 주요 자본가들은 똑같이 파렴치해진다. 산업 스파이 행위·가격 담합·카르텔·독점은 자본주의 체제에서 일상으로 벌어지는 일들이다. 폭력도 마찬가지이다. 17세기에 영국의 사략선(私掠船: 과거 적국의 선박을 공격할 수 있는 허가를 받은 민간 무장선)들은 네덜란드와 스페인의 경쟁자들을 습격했다. 영국의 자본가들은 국가를 장악하자마자 이 일을 전문으로 수행할 해군을 창설했다. 18세기에 동인도회사의 군대 — 사실상 국가의 후원을 받았다 — 는 인도를 정복하고 영국 자본주의의 경쟁국들을 몰아냈다. 19세기에 영국 군대와 해군은 아프리카·아시아·서인도제도 전역으로 제국을 확대했다 — 이를 통해 영국 자본가들은 값싼 원료·새로운 시장·값싼 노동력 등을 얻을 수 있었다.

그러나 특히 19세기말부터 영국 군대는 식민지 민중뿐 아니라 다른 자본주의 강국들과도 싸워야 했다. 이 기간을 지나면서 서로 다른 기업들 사이의 경제적 경쟁은 자본주의의 성격을 변화시켰다. 효율성 없는 기업이 경쟁으로 파산함에 따라, 더 효율적인 기업이 그들의 시장과 생산 시설을 차지했다. 결과적으로 기업들의 크기가 계속 커지는 경향이 나타났다. 자본주의는 각 산업에서 경쟁하는 서로 다른 수많은 기업들로 구성되기를 멈추고 하나 또는 두 개의 대기업이 각 산업을 지배하는 체계가 되었다. 기업들은 종종 하나 또는 그 이상의 산업을 지배했다.

기업들은 성장을 거듭하면서 차츰 국경을 넘어서기 시작했다. 국제 독점체들이 국제 시장을 지배했다. 그리고 기업들은 점점 더 커지면서 국가와 그 무장력에 더욱더 기대게 되었다. 다국적 자본은 자기가 투자한 나라에서 국가의 무장력에 기대어 다른 경쟁자들과 대중 반란으로부터 스스로를 보호한다. 마치 그 기업이 모국에서 노동자들로부터 안전을 보장받기 위해 경찰력에 의존하는 것처럼 말이다.

기업들이 성장함에 따라, 국가는 그것들을 운영하는 데에 훨씬 더 큰 이해관계를 갖게 되었다. 만약 한 특정한 국가에 10여 개의 항공기 또는 자동차 회사가 있다면 그 나라는 그것들 중 하나가 파산하더라도 크게 걱정하지는 않을 것이다. 그러나, 만약 한 나라에 자동차나 비행기를 생산하는 거대 기업이 단 하나 존재한다면 그 기업이 곤경에 빠질 때 국가는 무심하게 방관할 수는 없을 것이다.

이것은 특히 무기 산업에서 더욱 잘 들어맞는다. 보수당이 경찰에 대한 정부의 엄격한 통제를 지지하는 것과 마찬가지로, 자본가들은 무기 산업의 전부 또는 일부의 국가 소유를 지지해 왔다. 무기 산업을 시장의 변덕에 맡겨 두어야 하는 자본가들 에게 국가의 역할은 너무나 사활적인 문제이다.

그리하여 19세기 말엽이 되자 국가와 대기업의 이해관계는 이전보다 더 밀착되었다. 그리고 산업의 발달은 국가가 더욱 가공할 만한 신무기를 사용할 수 있게 되었다는 것을 뜻했다. 생산 수단이 발달함에 따라서 그들이 만들 수 있는 파괴 수단도 발달했다. 그리하여 네덜란드와 영국만이 식민지를 얻으려고 다투는 유일한 자본주의 국가였던 17세기와 달리, 이제는 일련의 경쟁하는 열강들 — 영국·독일·미국·일본·이탈리아·프랑스·러시아 — 이 등장했다.

마르크스주의자들은 이 체제를 제국주의라고 불렀다. 세계가 경쟁하는 열강들 사이에서 분할·재분할되면서 제국주의가 20세기의 운명을 지배해 왔다. 소련은 짜르 치하에서와 꼭 마찬가지로 스탈린과 그의 후계자들 치하에서도 주요 제국주의 열강이었다. 1917년 혁명으로 성취한 짧은 희망의 순간은 다른 제국주의 열강들과의 경쟁으로 사라져 버렸다.

소련의 공업화는 농민과 노동계급을 희생시킴으로써 수행되었다. 왜냐하면 스탈린이 독일·영국·미국과 경쟁할 수 있는 경제·군사 기구를 설립하기로 마음먹었기 때문이다. 제2차세계대전이 끝날 무렵에 처칠이 기록한 일화만큼 이 점을 선명하게 드러낸 것도 없다. 광부들에게 발포를 명령한 이 보수당의 지도자는 전리품을 나누기 위해 러시아혁명의 말살자와 자리를 함께 했다. 처칠이 종이 한 장을 펴 놓고, 소련은 루마니아에서 90%의 발언권을 갖고 영국은 그리스와 기타 지역에서 90%의 발언권을 갖자고 제안하는 요지의 글을 작성했다. 그는 다음과 같이 적고 있다. "나는 이 쪽지를 스탈린에게 넘겨주었다. 그는 파란색 연필을 들어 커다란 체크 표시를 했다. 그리고 그 쪽지를 돌려 주었다. 이 모든 것을 정하는 데에는 시간이 얼마 걸리지 않았다."

강대국들 사이의 이런 경쟁은 결코 멎지 않았다. 조약과 평화협정은 무시되었다. 제1차세계대전 이후 평화를 수호한다는 명분으로 세워진 국제연맹은 파시즘의 등장도 새로운 세계전쟁의 발발도 막지 못했다. 제2차세계대전 이후 똑같은 구실로 세워진 국제연합도 그 전임자[국제연맹]만큼이나 무기력하다는 것을 드러냈으며 스스로 전쟁의 수단이 되어 왔다. 주요 자본주의 열강들은 그들 사이의 군사 경쟁을 통제하려고 시도해 왔다. 그러나 그들은 번번이 실패했다.

경쟁, 곧 생산 시설과 은행과 운송 수단을 다른 경쟁자들보다 더 빨리 축적하려는 동기가 바로 전쟁의 진정한 원인이다. 전쟁의 결과가 과거보다 훨씬 더 파멸적으로 되었어도 이 점은 자본주의가 탄생할 때나 지금이나 여전히 마찬가지이다. 전쟁을 끝장내려면 전쟁을 조장하는 체제를 제거해야만 한다. 군사 경쟁을 없애려면 그것을 뒷받침하는 경제적 경쟁을 제거해야만 한다. 전쟁터에서 장군들을 몰아내기 위해서는 그들을 무장시켜 자신을 대신하여 싸우도록 하는 자본가들을 공장과 사무실에서 몰아 내야만 한다.

2. 노동당과 전쟁

영국 노동당이 1906년에 창당한 이래로 크고 작은 거의 모든 전쟁을 지지해 왔다는 사실은 말할 필요도 없다. 노동당은 로이드 조지 정부에 참여함으로써 제1차세계대전을 지지했다. 노동당의 전국 대표자와 그의 휘하 절반 가량이 당을 떠나, 수만 명의 목숨을 참호 속의 비참한 죽음으로 내몬 신병 모집 캠페인에 가담했다.

안도하게 된 로이드 조지는 나중에 이렇게 인정했다. "노동당이 비우호적이었더라면 전쟁은 효과적으로 수행되지 못했을 것이다." 제1차세계대전 기간 중에 자신의 반전 주장을 헌신짝 버리듯 내팽개친 노동당 당수 램지 맥도날드는 뒤에 다음과 같이 고백했다. "전쟁이 발발하자 조직된 노동계급은 주도권을 잃었다. 노동자들은 지배계급의 주장에 부화뇌동했다."

양차 세계대전 사이에도 노동당은, 정부 안과 바깥에서, 식민지에 대한 억압을 계속해서 지지했으며, 그 가운데 단 하나도 독립을 쟁취하지 못하도록 했다. 실제로 1924년 노동당 정부의 식민지 담당 장관이었던 J H 토마스는, 당이 "절대적인 충성과 봉사를 요구하고 있으며, 제국을 자랑스럽게 여길 뿐만 아니라 기꺼이 그것을 지킬 각오가 되어 있다."고 뻔뻔스럽게 뽐냈다.

노동당의 권한 대행 아더 그린우드는 보수당에 대한 다음과 같은 충성 서약으로 제2차세계대전의 선포를 반겼다. "우리에게는 주어진 사명이 있다. … 우리는 우리 나라를 무장시키는 데 필요한 조치에 전심전력 지원할 것이다. … 우리는 민족적 대의 명분에 모든 노력을 기울일 것이다."

노동당은, 전쟁은 나치 제국주의에 맞서 민주주의를 방어하기 위한 것이라고 주장하면서 자신의 입장을 정당화했다. 그러나, 노동당은 그 자신이 참여했던 연립 정부의 제1당인 보수당의 반(反)민주적이며 친제국주의적인 행위들을 매번 지지했다. 파업이 금지되자 노동당은 이에 동의했다. 히틀러의 박해를 피해 달아난 유태인 난민들이 억류되었을 때도 노동당은 이를 지지했다. 켄트 주의 베테스행어 광부들이 파업을 벌이자 노동당은 그들을 배반했다. 인도인들이 독립을 요구하자 노동당은 이를 거부했다. 전쟁이 끝날 무렵 그리스에서 혁명이 일어날 기미를 보이자 노동당은 이를 잔인하게 분쇄하기 위해 군대를 파견했다.

이에 대해 우익은 거듭 감사를 표했다. 육군 준장 헨리 크로프트 경은 하원 의원들에게 이렇게 말했다. "나는 이 나라의 모든 보수당 지지자들을 대신하여 연설하고 있다고 믿습니다. 우리는 이 나라의 바로 이 곳[하원]에서 볼 수 있는 야당의 발언과 그 염려를 충심으로 환영합니다. 우리는 오늘날 우리 모두가 한 형제라는 것을 느끼고 있습니다. … 그리고 우리는 우리의 숭고한 연합이 지속되기를 바랍니다."

제2차세계대전이 끝난 후에도 노동당은 영국이 벌인, 작은 것일지라도 모든 구역질 나는 전쟁 — 아덴[과거 남예멘의 수도와 그 주변 지역]에서, 말레이시아에서, 그리고 최초로 수에즈 운하를 놓고 — 에서 영국 제국주의를 계속 지지했다. 비록 당 지도자들이 미국의 불찬성에 뒤늦게 휴전을 요구했지만 말이다. 그리고 해럴드 윌슨의 노동당 정부도 베트남전쟁 내내 미국을 후원하며 우익을 지지했다.

좀더 최근에는 스스로를 "골수 평화론자"라고 선언한 마이클 풋 — 당시에 그는 노동당 당수였다— 이 포클랜드 전쟁이 시작되자 보수당보다 더한 호전적 애국주의를 주창하는 믿지 못할 사건을 보여주었다. 그는 정부가 포클랜드 주민들을 "배신하지" 않았음을 "행동으로 입증하라"고 정부에 요구했다.

보수당은 다시 한 번 이 충견(忠犬)에게 칭찬의 말을 던졌다. 하원에서 보수당 의원들은 풋에게 그가 "영국을 위해 연설 했다"고 말했다.

걸프전쟁이 시작되자 역겨운 허세부리기가 또 한 번 반복되었다. 닐 키녹[노동당 지도자 가운데 한 명: 역자]은 전쟁 목표에 관한 조지 부시의 소름끼치는 발언을 되풀이했으며, 전쟁이 일어나기 바로 전 하원 토론에서 보수당 당수보다 훨씬 더한 격정으로 미국의 전쟁 수행 노력을 정당화함으로써 무능력한 말더듬꾼 존 메이저를 구출해 주었다. 키녹은 그의 텔레비전 방송에서도 이런 짓을 되풀이했다.

보수당은 키녹의 정치가로서의 자질과 애국주의를 격려함으로써 선배들의 전통을 따랐다. 그들은 이미 보수당의 외무 장관 더글라스 허드로부터 "나라가 분열된 채로 전쟁을 수행할 수는 없다."는 말을 들었다.

물론 노동당이 만장일치로 전쟁에 찬성했던 일은 거의 없었다. 제1차세계대전에 대한 케어 하디의 지지 유보에서 토니 벤의 걸프전쟁 반대에 이르기까지 언제나 당내 좌파에는 맹목적 애국주의에 찬성하지 않는 소수의 지도적 인사들이 있었다. 이것은 그들의 커다란 명예이다. 그러나 그들은 결코 노동당 지도부는 물론 의원의 대다수조차 야만적이고 정의롭지 못한 전쟁에 반대하도록 설득할 수 없었다.

특정한 전쟁들이 끝나고 나면 많은 의원들과 지도적 당 인사들은 그들의 전쟁 반대 정도를 과장하곤 한다. 예를 들면, 오늘날 당신은 노동당이 솜강 연안에서 그리고 이프르[벨기에 서부, 프랑스와의 국경 부근 마을, 제1차세계대전의 격전지: 역자]에서 10대의 젊은이들을 죽음으로 내몰았다고 솔직하게 말하는 노동당 대변인을 찾기가 어렵다는 것을 알게 될 것이다. 베트남에서 노동당이 미국의 정책을 전심전력 지지한 것을 철회하는 데에 진지함을 보였던 사람은 거의 없다. 그리고 포클랜드 전쟁이 역사 속으로 사라지면서 지도적인 노동당 인사들은 1982년보다 더 전쟁에 대해 비판적이다. 이렇게 터무니없이 사람들을 죽음으로 내몰았던 것이 마이클 풋과 닐 키녹 ― 둘 모두 당시 좌파로 간주되었다 ― 의 행위였다는 것을 상기하려는 사람들이 거의 없다는 것은 분명하다.

이런 한심한 이력이 영국 노동당에만 한정되는 것은 아니다. 제1차 세계대전에서 걸프전쟁에 이르기까지 전 세계의 노동당들은 전쟁이 일어나기 전까지는 진지하게 평화를 지지해 왔다. 그러나 일단 전쟁이 시작되면 그들은 "우리의 젊은이들"의 목숨은 아랑곳하지 않는다.

마침내 맹목적 애국주의에 항복하는 가장 불명예스러운 일이 벌어졌다. 제1차세계대전이 발발하기 전 몇 년 동안 유럽 각국의 사회민주당들은 전례 없는 성공을 거두었다. 그 가운데 가장 크고 유력한 정당은 독일의 사회민주당(SPD)이었다. 수백만의 노동자가 그 정당을 따랐고 선거 때 그 당에 투표했다. 그리고 수많은 노동조합과 스포츠 클럽, 동호인 모임 등이 이 당에 가입되어 있었다. 독일사회민주당(SPD) 내에서 마르크스주의는 언제나 강력한 지위를 누렸다. 독일사회민주당은 다른 노동당들과 마찬가지로 제2인터내셔널의 일원이었다.

인터내셔널은 전쟁이 다가오고 있음을 예언했으며, 세기의 전환과 더불어 매 대회 때마다 각국 사회민주당들은 전쟁에 반대할 것을 재차 다짐했다. 예를 들면 인터내셔널의 1907년 슈투트가르트 대회는 사회주의자라면 누구나 다 자랑스러워할 결의문을 채택했다. 결의문은 다음과 같이 밝히고 있다.

자본주의 국가들간의 전쟁은 세계 시장을 놓고 그들이 벌이는 경쟁의 필연적인 결과이다. … 뿐만 아니라 이러한 전쟁은 결코 끝나지 않을 군국주의 무기 경쟁으로 일어난다. 군국주의는 부르주아 계급 지배의, 노동계급의 경제적·정치적 노예화의 주요한 도구들 가운데 하나이다.

전쟁은 국제적 계급 연대의 의무로부터는 물론 계급 자신의 임무로부터 노동계급 대중을 다른 방향으로 돌려 놓는다. … 따라서 전쟁은 자본주의에 고유한 것이다. 자본주의 경제 체제가 폐지되어야만 전쟁은 사라질 것이다.

전쟁을 일으키겠다고 위협하는 경우에는 가능한 한, 가장 효과적인 수단을 통해 전쟁을 막으려고 모든 노력을 기울이는 것이 노동계급과 그 의회 대표자들의 임무이다. 이러한 노력에도 불구하고 일단 전쟁이 일어난다면 전쟁의 신속한 종결을 위해 개입하는 것이, 그리고 전쟁이 야기한 격렬한 경제·정치 위기를 이용하여 대중을 분기시켜, 자본가 계급 지배의 철폐를 재촉하려고 분투하는 것이 그들의 임무이다.

이것은 사회주의자의 태도를 강경하고도 비타협적으로 표현한 것이었다. 그러나 1914년 8월 전쟁이 발발하자마자 이것은 사문서가 되어 버렸다. 독일의 사회민주당, 프랑스의 사회당, 영국의 노동당, 그리고 대다수 러시아 사회주의자들(레닌의 볼셰비키를 제외하고)은 자국 정부의 전쟁 계획을 지지했다.

국외의 적이 국내의 지배계급보다 더 나쁘다는 것이 변명의 이유였다. 독일사회민주당은 그들이 독재적인 러시아 짜리즘과 맞서 싸우고 있다고 주장했다. 러시아 사회주의자들은 그들이 전제적인 프러시아 군국주의와 맞서 싸우고 있다고 주장했다. 영국 노동당과 프랑스사회당도 마찬가지였다. 그들이 프러시아 군국주의에 맞서 러시아 짜리즘과 연합했음에도 불구하고 말이다. 실제로 제1차세계대전은 식민지와 이윤을 더 많이 차지하려고 **모든** 참전 국가들이 벌인 제국주의 전쟁이었다.

그러나 노동계급의 지도자들은, 아무도 전쟁 반대 입장을 지지하지 않을 것이라고 주장할 수 없었다. 전쟁이 일어나기 직전에 독일사회민주당이 조직한 거대한 반전 집회와 시위는 독일 황제 카이저를 깜짝 놀라게 했고 그리하여 그는 다음과 같이 선언했다. "사회주의자들이 가두에서 전투적인 반군국주의 선동을 수행하고 있다. 이것을 좌시해서는 안 된다. 지금은 절대로 안 된다. 만약 이런 일이 계속 벌어진다면 나는 계엄령을 선포하고 지도자들, 그 망할 자식들 모두를 감옥에 처넣어 버리겠다."

프랑스에서 평화를 요구하는 대중 집회가 7월말에 있었으며, 영국에서도 8월 2일 케어 하디와 조지 랜스베리가 트라팔가 광장에서 있었던 대규모 전쟁 반대('Stop the War') 시위에 참여 했다. 그런데 이것들은 1909년 이후로 정부에 맞서 반란을 일으켜 온, 점증하는 정치·경제 투쟁의 일부분이었다. 러시아에서는 레나 금광의 광부 학살과 더불어 1912년에 시작된 파업 운동이 전쟁으로 주춤했다.

일부 노동운동 지도자들이 비겁하게 행동했던 것은 운동이 없어서가 아니다. 오히려, 중대한 기로에 직면한 운동을 해산시켜 버렸던 것은 노동운동 지도자들의 소심함이었다. 물론, 포클랜드 제도에 군대를 파병하거나 걸프전쟁이 시작되었을 때와 같이 전쟁이 막 발발한 시점에는 전쟁 찬성 분위기가 고조되곤 했다. 그러나 전쟁이 시작되기 전에도 전쟁 반대 운동이 존재했고 전쟁이 진행중일 때에도 반대 운동은 계속되었기 때문에 저항의 토대는 언제나 마련돼 있었다고 말할 수 있다. 만일 유럽의 사회민주당 지도자들이 그들의 원칙에 충실했다면 그들은 영국과 프랑스의 노동자들이 독일의 노동자들을 살해하고 또 그들에게 살해당하는 그 피비린내나는 전쟁을 막을 수도 있었을 것이다.

이와 같이 노동당 지도자들이 전쟁을 중지시키려는 싸움을 막았던 것은 그들에 대한 지지가 없었기 때문이 아니었다.(하지만 지지가 없었다 할지라도 어떤 사회주의자가 여론 조사에서 단지 몇 퍼센트의 지지를 더 얻기 위해 수백만의 목숨을 담보로 한단 말인가?) 그러나, 노동당은 그 후로도 줄곧 똑같은 짓을 해 왔다. 베트남전쟁에 대한 노동당의 지지는, 노동당 지지자들의 대다수가 전쟁에 반대했을 때조차 결코 흔들리지 않았다. 키녹은, 43%가 전쟁에 반대하고 47%가 전쟁에 찬성하는 것으로 나라가 나뉘어 있다는 것을 보여주는 여론 조사 결과가 발표된 바로 그 주에 걸프 만에서의 전쟁을 지지했다.

동일한 역설이 다른 문제에도 존재한다. 1980년대에 노동당은, 전체 인구의 60%가 크루즈 미사일의 철수를 지지하고 있음을 보여 주는 여론 조사 결과에도 불구하고, 그것의 영국 주둔·배치를 용인했다. 전체 인구의 압도 대다수가 주민세에 격렬히 반발했는데도 노동당은 사람들에게 세금을 내라고 우긴다.

물론 노동당은 선거주의를 자신의 원칙으로 삼고 있다. 그래 서 찬반의 의사 표시에 대한 노동당의 필사적이기까지 한 조사는 많은 것을 설명해 주기도 한다. 그러나, 앞의 예들에서 알 수 있는 것처럼 노동당이 단지 여론을 따르는 것만은 아니다 — 특히 여론이 지금의 가장 중요한 쟁점을 놓고 왼쪽으로 기울 때에는 말이다. 노동당의 이 비열한 굴복에는 또 다른 이유가 분명히 있다.

그 이유는, 자본주의 체제는 영원하며 체제가 비록 부분적인 개혁은 허락하지만 총체적인 변화는 결코 허용하지 않으리라는 노동당의 신조 때문이다. 파업과 시위로는 이러한 부분적인 변화마저도 저항하는 자본가 계급에게 강제할 수 없다. 의회가 법을 제정할 때에만 부분적인 변화도 이루어질 수 있다. 국가기구는 사회 변화를 위해 노동당이 선택한 도구이며 따라서 국가에 대한 내외의 어떠한 위협도 반드시 격퇴해야 한다.

이런 견해는 재산이나 국가에 대한 어떠한 공격도 불법적인 것으로 여긴다. 이런 견해는, 그것이 기업들 그리고 다국적 기업들간의 경쟁을 인정하는 것처럼 국가간의 경쟁 관계를 받아들인다. 그리하여 서로 다른 국가 블록과의 충돌이 발생하게 되면 노동당은 필연으로 "우리의" 재산과 "우리의" 국가를 지지한다. 마찬가지로 민족이 계급에 선행한다.

페이비언 사회주의자 조지 버나드 쇼는 제1차세계대전이 발발하기 바로 전에 이런 견해를 다음과 같이 상징적으로 말한 바 있다. "국가 간의 전쟁은 불행한 일이다. 그러나 그런 전쟁이 일어났을 때, 사람들이 자신의 조국을 방어하지 못하도록 총파업과 같은 시도를 누군가가 획책한다면, 그것은 민족간 전쟁보다 한 열 배쯤 더 불행한 내전으로 비화할 것이다" 당시에 총파업이 벌어졌다면 1차세계대전으로 인한 사망자 수가 열 배나 더 줄 수 있었음이 분명하다. 그런데도 당시 노동당 당수였던 아더 헨더슨은 자신이 "쇼 선생과 대체로 견해를 같이하고 있다."고 말했다.

부자와 권력자 들이 노동자 계급으로서는 손해만 볼 뿐인 전쟁을 수행하고 있고, "우리의" 조국이 다른 민족을 억압하기 위해 전쟁을 수행하고 있다는 사상은 노동당 지도자들에게 결코 어떠한 영향력도 행사하지 못했다. 그러나 노동당 지도자들의 영향력에도 불구하고 노동자 대중이 명확히 이러한 결론[사상]에 이른 예들도 많다.

가장 유명한 것이 바로 러시아의 예다. 러시아 노동계급은, 그들의 제1차세계대전 참전이 전선에서의 몰살과, 농민의 토지 소유를 인정하지 않고, 이미 굶주려 반죽음 상태로 내몰린 노동자들을 억압하고 착취했던 국내 지배자들에 대한 용서를 의미한다는 것을 인식했다. 1917년 10월혁명은 역사상 가장 성공적인 전쟁 반대 운동이었다. 그들은 "평화, 토지, 그리고 빵"이라는 볼셰비키의 슬로건 아래 싸웠고, 그리하여 러시아는 전쟁의 수렁에서 탈출할 수 있었다. 10월혁명은 다른 나라 — 특히 독일을 주목해야 한다 — 의 성장하는 반전·혁명 운동과 더불어 전쟁 전체의 신속한 종결을 가져 왔다.

마찬가지로, 베트남에서 미국이 수행한 전쟁도 베트남인들의 집요한 민족해방 투쟁과 국내에서 더욱더 전투적으로 성장했던 전쟁 반대 운동으로 중단시킬 수 있었다. 특히 미국의 지배계급을 놀라게 했던 것은 반전 운동과 다른 투쟁들 — 흑인해방을 위한 투쟁처럼 — 사이에 형성되고 있었던 연대였다. 당시 세계 헤비급 챔피언이었던 무하마드 알리는 이렇게 말했다. "어떤 베트남 사람도 나를 깜둥이라고 멸시하지 않았다."

이런 모든 투쟁들은 온갖 성향의 지배계급 정치인들의 저항에 정면으로 대항하여 일어났다. 이러한 투쟁들은 종종 자연발생적으로 혹은 반전 운동을 적극적으로 실천에 옮기는 소규모 그룹의 영향을 받으며 시작되었다. 그러나 일단 이러한 투쟁이 투쟁을 지도할 사상을 찾게 되면 그것은 노동당의 낡아빠진 전통이 아니라 완전히 다른 전통에 의지해 왔다. 그것은 혁명적 전통이며 사회주의와 전쟁의 관계에 대한 전혀 다른 분석이다.

3. 사회주의자들과 전쟁

개량주의 지도부의 맹목적 애국주의에 당황한 많은 반전주의자들은 평화주의야말로 전쟁을 막는 가장 좋은 방법이라고 믿는다. 원칙으로까지 평화주의를 신봉하지 않는 더 많은 사람들은, 일단 전쟁이 벌어진다면 전쟁 당사자들간의 교전 행위 중단과 협상 재개를 기대하는 것이 최상의 방법이라고 주장할 것이다.

야만적인 사회로부터 고통받는 노동자와 학생들이 전쟁을 반대한다면, 사회주의자들은 그러한 전쟁 반대 운동을 환영할 것이다. 이러한 분노는 언제나 모든 반전 운동의 동력이 되어 왔다. 하지만, 정치인들과 노동조합 지도자들이 반전에 대해 입발린 말을 한다면 우리는 그 말을 의심해 보아야 한다.

열강들이 언제나 무력으로만 다른 나라를 억압하는 것은 아니다 — 때때로 제3국의 경제를 파탄시키는 "평화스런" 위협만으로도 충분하다. 단지 총성이 멈추었다는 이유만으로 열강들이 더욱 교활한 또 다른 폭력 수단에 의존하지 않는다고 생각하면 곤란하다. 또 열강들이 전쟁을 통해 가했던 억압과 착취가 다른 수단으로는 행해지지 않는다고 생각해서도 안 된다.

"평화"는 언제나 궁지에 몰린 정치인이나 노조 지도자가 제일 좋아하는 구호였다. 전쟁을 도발한 자들은, 국내에서나 해외에서 패배에 직면할 때 교활하게도 언제나 "정의와 화해를 바라는 평화주의자"로 돌변해 버린다.

이것이 반전 기운이 대륙의 노동계급을 휩쓸던 제1차세계대전 당시 많은 유럽 정부들이 보여 준 반응이었다. 수십 년 뒤, 베트남전쟁 기간에 리처드 닉슨이 보여 준 반응이기도 했다. 이 두 경우에서 볼 수 있듯이, 이러한 주장들은 흔히 상대방도 "공명정대한" 평화에 동의할 때까지 계속 싸워야 한다는 요구와 결합된다.

그러나 사회주의자들이 평화주의자들의 주장을 거부하는 더 근본 이유가 있다. 평화주의 전략은 전쟁의 원인을 건드리지 않는다. 우리가 단지 지배자들이 만들어 놓은 가장 최근의 야만만을 중지시키려 한다면, 우리는 그들이 또 다른 전쟁을 준비하도록 내버려 두는 셈이 될 것이다. 우리는 전쟁의 동학이 자본주의 작동 방식 그 자체에 내재해 있음을 알고 있다.

20세기의 역사는 우리의 이러한 분석을 입증해 준다. 세기초의 식민 전쟁은 제1차세계대전의 서막이었다. 제1차세계대전의 종식은 제2차세계대전의 씨앗을 뿌렸다. 승전국들 사이의 제국주의 경쟁이 냉전과 한국전쟁과 베트남전쟁을 낳았다. 이제 제국주의 경쟁이 새로운 세계 위기를 맞고 냉전이 종식되면서 우리는 걸프전쟁을 겪었다. 걸프전에 동원된 군대 수는 제2차세계대전 규모였다.

평화에 대한 소박한 요구는, 그것이 전쟁을 일으키는 체제를 어떻게 제거해야 하는가 하는 문제에 답하지 못하기 때문에 결코 성공하지 못한다. 또한 그것은 전쟁과 지배계급의 국내 정책 사이의 연관을 해명하지 못한다. 전쟁과 식민지 억압은 언제나 국내의 억압·착취와 보조를 맞춘다.

전쟁이 일어난다면 다음 사항 가운데 일부 또는 전부가 노동자들에게 고통으로 가해질 것이다. 파업 금지, 사회주의자·반전주의자·"교전국 주민"들의 투옥과 억류, 세금 인상과 복지비 삭감, 언론 검열, 강제 징집, 임금 삭감과 노동시간 연장, 맹목적 애국주의와 인종주의의 조장.

전쟁의 규모와 주요 계급들 사이의 세력 균형과 특정 국가들과 세계의 경제 상황 등에 따라 그 수준은 달리하겠지만, 전시에는 모든 다른 투쟁들이 필연으로 격화된다. 그럼에도 불구하고 징집과 더 높은 과세, 그리고 파업을 금지하고 노동조건을 악화시키려는 시도를 놓고 벌어지는 투쟁은 전쟁과 밀접한 관련을 가지고 있다.

만약 평화 운동이 이러한 투쟁들로 발전하지 못하고 단순히 평화를 요구하는 것에 스스로를 제한하거나 투쟁을 계급투쟁으로 확대·심화시키지 못한다면, 지배자들의 수중으로부터 전쟁을 수행할 능력을 영원히 빼앗아 전쟁을 끝장내고 투쟁을 발전시킬 수 있는 절호의 기회를 스스로 거부하는 꼴이 될 것이다.

이것이 바로 사회주의자가 평화주의자가 아닌 이유이다. 지배자들이 전쟁을 수행하는 데 필요한 세금과 임금 삭감을 거부하기 위해 우리는 파업의 무기를 버리지 않을 것이다. 전쟁을 도발한 정부를 휘청거리게 할 수 있는 총파업의 무기를 거부하지 않을 것이다. 그리고 이 어리석은 대량 학살을 단호하게 종식시킬 혁명을 포기하지 않을 것이다.

제1차세계대전 한복판에서 레닌은 이러한 주장을 다음과 같이 요약했다. "전쟁과 국내 계급투쟁 사이에는 필연적인 연관이 있다는 것을 이해하고 있다는 점에서 우리는 평화주의자들과 다르다. 우리는 계급이 폐지되고 사회주의가 탄생할 때 비로소 전쟁이 사라질 수 있다는 것을 이해하고 있다. 또한 우리는 내전 — 곧 억압 계급에 맞서 피억압 계급이, 노예 소유주에 맞서 노예들이, 영주에 맞서 농노들이 그리고 부르주아지에 맞서 임금 노동자들이 수행하는 전쟁들 — 을 완전히 정당하고 진보적이며 필요한 것으로 간주한다는 점에서도 그들과 다르다."

이런 분석으로부터 레닌은 전쟁에 맞서는 가장 효과적인 투쟁 방법은 자신의 지배계급에 반대하는 투쟁을 격화시키는 것이라는 결론을 이끌어냈다. 모든 시위는 국민 모두가 전쟁을 지지하고 있다는 정부의 주장을 무력화시킬 것이다. 모든 파업이 정부의 전쟁 수행을 더욱 어렵게 만들 것이다. 1916년 아일랜드의 부활절 봉기와 같은 식민지 민중의 반란이 전쟁 도발자들을 괴롭힐 것이다.

제1차세계대전에 반대했던 몇 안 되는 사람 가운데 하나인 독일의 위대한 혁명가 칼 리프크네히트는 다음의 유명한 구절에서 이와 비슷한 생각을 밝힌 바 있다. "주적은 국내에 있다." 레닌은 제국주의 전쟁에서 모든 사회주의자들이 자국 지배자들의 패배를 지지해야 한다고 생각했다. 독일 사회주의자들은 독일 지배자들의 패배를, 프랑스 노동자들은 프랑스 정부의 패배를, 영국 사회주의자들은 영국의 패배를 지지해야 한다. 반대자들은 레닌을 비논리적이라고 비난했다. 그들은 레닌에게 전쟁에서는 누군가가 반드시 승리해야만 한다는 것을 분명히 인정하라고 요구했다.

레닌의 답변은 이중적이었다. 첫째, 그는 자국 정부의 패배를 호소하지 않는다면 모든 항의와 파업은 비난을 받으며 끝날 것이라고 주장했다. 우익은 파업과 시위가 전쟁 노력을 약화시켜 패배를 자초하게 된다고 말할 것이다. 그리고 그 주장은 옳은 말처럼 들린다. 만일 사회주의자들이, 바로 **전쟁 노력을 약화시키기 위해** 파업과 시위를 하는 것이라고 응수하지 않는다면 그들[사회주의자들]은 지배자들의 주장에 완전히 말문이 막히게 될 것이다. 의심할 여지없이 우익은 "그렇지만 그것은 우리의 패배를 의미하는데." 하며 비웃을 것이다. 그러면 우리는 다음과 같이 대답해야 한다. 전쟁을 끝장내기 위해 "우리" 편의 패배를 지지하는 것이 더 작은 악이라고.

레닌 주장의 두 번째 핵심은, 노동계급이 사회를 변화시킬 수 있다는 희망을 저버린 사람들만이 지배계급 가운데 누군가가 승리해야만 전쟁이 끝날 거라고 주장한다는 점이다. 그는 국가들 사이의 충돌로 시작된 전쟁이 국가들간의 전쟁을 통해서만 끝날 필요는 없다고 주장했다. 계급투쟁은 전쟁 과정에서 발전할 수 있으며, 그리하여 전쟁은 노동계급과 제국주의 지배계급들 사이의 투쟁으로 끝이 난다.

제1차세계대전이 정확히 그랬다. 러시아는 물론 독일도 혁명에 휩싸였다. 거대한 계급투쟁들이 이탈리아·프랑스·영국을 휩쓸었다. "제국주의 전쟁을 내전으로"라는 레닌의 구호는 현실이 되었다. 러시아의 패배를 호소한 레닌의 주장이 전혀 "말도 안 되는 소리"가 아니었던 것과 마찬가지로서 미국의 작가이자 혁명가인 존 리드[《세계를 뒤흔든 10일》의 저자: 역자]가 미국의 패배를 호소한 것도, 칼 리프크네히트가 독일의 패배를 호소한 것도, 영국의 마르크스주의자 존 맥린이 영국의 패배를 호소한 것도 전혀 "말도 안 되는 소리"가 아니었다. 그것만이 전쟁과 지배계급에 맞서 노동자들을 국제적으로 단결시키는 유일한 방법이었던 것이다.

물론 모든 전쟁이 다 제1차세계대전과 같지는 않으며, 따라서 모든 전쟁이 혁명으로 전환할 수 있는 조건을 창출하는 것도 아니다. 그러나 제국주의 전쟁을 계급전쟁으로 전환시킨다는 일반적 접근은 유효하다. 우리가 경고성 항의 파업을 말하든 봉기성 총파업을 말하든간에, 지배계급은 그것이 전쟁 노력에 해를 끼친다고 항상 비난할 것이다. 만일 우리가 우리 계급의 이익을 제일 우선에 놓고, 국내에서 우리를 억압하는 자들의 이윤을 위해 타국 노동자들의 대량 학살에 가담할 이유가 전혀 없다고 분명히 답한다면, 우리는 전쟁을 끝내기 위한 싸움을 효과적으로 벌일 수 있다.

또한, 제국주의 시대에 발생한 두 종류의 주요 전쟁 사이에는 한 가지 중요한 차이점이 있다. 먼저 양차 세계대전과 같은 주요 제국주의 열강들 사이의 전쟁이 있다. 둘째로, 민족해방 운동을 탄압하거나, 독립이 제국주의 질서에 위협이 되는 국가들을 정복하기 위해 주요 제국주의 열강들이 수행하는 전쟁이 있다. 두 번째 사례의 가장 중요한 예는 베트남전쟁이다.

이 두 종류의 사례들이 사회주의자들이 열강들에 대해 취해야 할 태도에 커다란 차이점을 만드는 것은 아니다. 두 경우 모두에서 사회주의자들은 자신의 지배자들을 주적으로 여긴다. 그러나 독일의 카이저·히틀러와 베트남의 호치민에 대한 사회주의자의 태도에는 한 가지 차이점이 있다. 열강들 사이의 전쟁에서 자국 지배자들의 패배를 호소한다고 해서 우리가 교전 상대국 지배자들의 승리를 바란다는 것을 뜻하지는 않는다. 레닌은 "사회주의자들은 강도들의 싸움을 이용하여 그들 모두를 전복해야만 한다."고 주장했다. 우리는 노동계급이 모든 강도들을 이기기 위해서는 군사적 결과에 관계 없이 자신의 지배자들을 주적으로 삼아, **자신의 국가**에서 벌어지고 있는 투쟁으로부터 출발해야만 한다는 것을 알고 있다.

우리는 제국주의 열강들이 식민 전쟁에 참여하고 있는 곳에서 제국주의자들이 패배하기를 바란다. 그런 패배만이 국내의 지배계급을 무력화시킬 수 있고, 그리하여 전쟁을 종식시키고 국내 노동계급의 이익을 확보할 가능성이 커질 수 있다. 베트남전쟁 기간에 베트남 민족해방전선(NLF)이 거둔 승리로 전쟁은 더 빨리 끝날 수 있었으며 평화 운동도 더 쉽게할 수 있었다. 닉슨이 반전 운동·학생 시위·흑인 해방을 위한 투쟁 등을 탄압하는 것이 더욱 어렵게 되었다. 결국 민족해방전선의 승리는 미 제국주의를 20년 동안이나 크게 약화시켰다. 그들의 희생이 니카라과나 이란과 같은 다른 제3세계 국가의 수만의 목숨을 구했다. CIA의 갖가지 공작 활동에도 불구하고 미국은 이제 더 이상 그 나라들에서 전쟁을 공공연히 수행할 만한 자신감을 갖지 못했다.

레닌이 말한 것처럼, 피억압 국가에서 민족주의 반란이 없는 순수한 혁명만을 기대하는 자는 결코 살아서 혁명을 보지 못할 것이다. 그런 반란들은 온갖 종류의 종교적·민족적 편견들을 밝히 드러낼 수 있다. 그러나 레닌은 주요 제국주의 국가의 사회주의자들이 제국주의에 반대하는 투쟁에서 약소국 통치자들의 정치 성향 — 그들이 민족주의자든, 근본주의자든, 독재자나 민주주의자든 — 을 보고 그 투쟁을 지지할 것인지 말 것인지를 결정해서는 안 된다고 주장했다. 만일 제국주의가 승리한다면 사회주의자들이 민족해방의 편에 가담한 모든 곳에서 피억압 국가들의 대의가 좌절될 것이다.

그런 국가의 통치자들이 전제 군주이든 아니면 빌 클린턴이 주조한 살인을 일삼는 "민주주의자"이든 그들을 청산하는 것은 그 나라 노동계급의 임무이다. 제국주의 열강의 모든 간섭은 이윤과 전략적 이익을 확보하기 위한 것일 뿐이다.

그러나 사회주의자들은, 제3세계의 노동계급과 억압받는 사람들이 자신의 지배자들에 맞서 싸우는 것과 마찬가지로, 제3세계 지배자들도 제국주의가 자신들에게 강요하는 침묵에 반감을 갖고 있다는 것을 알아차리지 못했다. 우리는 그들의 투쟁을 지지해야 한다. 우리는, 사회주의자들이 제국주의에 반대하는 그런 국가들을 지도할 수 있다면 투쟁을 더욱더 효과적으로 전환시킬 수 있을 것이라고 주장해야 한다. 레닌은 민족주의 투쟁의 지도자들에게 "공산주의적 색채"를 덧씌워서는 안 된다고 경고했다.

그래서 사회주의자들은 호치민만큼이나 미국 제국주의에 반대했는데도, 그가 베트남의 트로츠키주의자들을 살해하고 억압적인 정부가 노동자들의 생활수준과 조직할 권리를 공격함으로써 미국에 맞선 전쟁 노력을 약화시킬 때 호된 비판을 했다.

마찬가지로 걸프 만에서 제국주의 세력이 패배하기를 바랐던 우리의 희망이, 사담 후세인의 노동자 탄압과 쿠르드족에게 독립을 허용하지 않는 것에 우리가 침묵해야만 한다는 것을 뜻하지는 않는다. 만약 침묵한다면, 제국주의 연합군과 싸울 수 있는 이라크 노동자들의 능력은 약화되는 반면 후세인의 정부는 강화되었을 것이다.

사실 이런 비판은 호치민의 경우보다 사담 후세인의 경우에 훨씬 더 타당하다. 호치민은 적어도 일관된 반제국주의자였다. 그러나 후세인은 1980년대에 **미국을 대신하여** 이란과 제국주의 전쟁을 치른 바 있다. 만약 미국이 후세인을 허용했다면 그는 다시 이런 타협을 했을 것이다.

조지 부시는 전쟁에 개입해 사담 후세인과 이라크 노동계급 모두를 패배시키길 원했다. 부시는 후세인을 대체한 어떤 꼭두각시 정부도 미국이 그를 지원했을 때보다 이라크 민중에게 더 관대하지는 않으리라는 것을 알고 있었다. 사담 후세인으로서는 제국주의 세력들의 패배를 원해야 했다. 그러나, 그는 이라크 노동 계급의 패배 또한 원했다. 그는 자기의 정치 때문에 미국에 반대한 것이 아니라 자기의 정치에도 **불구하고** 미국에 반대한 것이다.

사회주의자들은 제국주의의 패배와 이라크 노동계급의 승리를 원했다. 우리는 우리 자신의 제국주의 정부에 반대했으며 그들의 패배를 바랐다. 설사 후세인에 의한 패배라 할지라도 말이다. 그러나 우리는 후세인을 분쇄할 수 있을 뿐 아니라 스스로 제국주의의 진정한 대항자임을 입증할 수 있는 이라크 노동자들의 승리를 바랐다.

4. 전쟁에 반대하는 전쟁

전쟁 기술과 생명을 구하는 과학 사이의 차이만큼이나 우리가 살고 있는 사회를 통렬하게 고발하는 것도 없을 것이다. 오늘날 세계에서 가장 진보한, 가장 값이 비싼 기술은 군사 분야에 있다. 그러나 팔과 다리를 잃고 살아가는 부상자들에게는 워털루의 노병에게 주어진 것들과 거의 다르지 않은 목발과 의족·의수 들만이 있을 뿐이다.

물론 부상당한 사람 가운데 극소수의 부자들은 정교한 수술을 받거나 신체의 신경 말단에 연결된 전자 회로를 가진 의족 — 의수들을 사용할 수 있을 것이다. 그러나, 대다수의 가난한 병사들은 이런 혜택을 받을 수 없다 — 이윤이 남지 않기 때문이다. 그것이 전쟁만큼 이윤이 남지 않는다는 것은 분명하다.

이런 사회를 변화시키기 위해서는 거대한 투쟁이 필요하다. 전쟁은 전선에서와 마찬가지로 국내에서도 무질서와 혼란을 야기시키기 때문에 대중이 투쟁을 시작할 수 있는 상황이 창출된다. 제1차세계대전 중에 그리고 종전 후에 독일혁명과 러시아혁명을 만들었던 노동자·병사 평의회들이 가장 좋은 — 유일한 예는 아니다 — 예들이다.

항명과 병사 평의회, 경찰 파업, 아일랜드 내전, 엄청난 파업 물결, 투표권을 획득하려는 여성들의 투쟁 — 이런 투쟁들이 제1차세계대전 중에 그리고 종전 직후 영국을 뒤흔들었다 — 은 변화를 향한 위대한 기회였다. 그러나 1926년 총파업을 배반한 노동조합 지도자들이 이 투쟁을 결국 패배로 이끌었다. 제2차세계대전 종전 무렵에는 더 많은 폭동이 일어났고 변화를 지지하는 거대한 대중의 함성으로 헤일샴(Hailsham)경의 유명한 말이 등장하게 되었다. "그들에게 사회 개혁을 하사하라. 그렇지 않으면 그들은 당신들에게 사회 혁명을 선사할 것이다."

베트남 반전 운동이 새로운 세대의 사람들을 만들었고, 그리하여 혁명 사상이 커다랗게 부활했고 노동계급의 저항 운동이 1970년대 초를 풍미했다. 오늘날 세계경제가 더욱더 깊은 경기 후퇴의 심연으로 빠져들면서 우리는 세계에 나타나고 있는 또 다른 전쟁 반대 운동을 목격하고 있다. 대다수의 항의자들은 이 소책자의 사상 전부에 동의하지는 않더라도 자신의 눈 앞에서 벌어지는 잔혹 행위들을 혐오하게 될 것이다. 그러나, 이런 사상에 진정으로 동의하는 사람들이 그들 곁에서 일관되고 단호하게 주장한다면 그들은 이런 사상이 전쟁에 맞서 싸우는 가장 효과적인 방법이라는 것을 조만간 받아들이게 될 것이다.

그리하여 우리는 단지 이런저런 전쟁에 반대하는 투쟁이 아니라 전쟁을 낳는 체제에 반대하는 투쟁을 조직할 기회를 거머쥐게 될 것이다. 우리는 전쟁에 반대하는 투쟁을 낮은 임금, 불결한 주거, 실업에 항의하는 투쟁과 연결시킬 것이다. 그리하여 우리는 전쟁을 끝장낼 수 있는 유일한 전쟁인 계급전쟁을 수행할 것이다.

소설가 방현석이 베트남 전쟁에 대해 말한다

우리는 왜 파병에 반대해야 하는가?

저는 《하노이에 별이 뜨다》라는 책에서 베트남이란 나라를 한 마디로 이야기하라고 하면 '비록 부자는 아니지만 자부심이 있는 나라' 이렇게 표현할 수 있다고 쓴 적이 있습니다.

1975년 베트남 전쟁이 끝난 이후로 미국은 20여 년 가까이 경제 봉쇄를 했습니다. 그래서 베트남은 종전 이후에도 굉장히 어려운 경제 사정에 내몰릴 수밖에 없었습니다. 1991년에 가서야 비로소 미국과 베트남이 수교관계를 다시 회복합니다.

베트남의 자부심은 자기 역사로부터 비롯합니다. 베트남은 당대 최고의 무력을 가진 최강국들과 모두 한 차례씩 전쟁을 한 나라입니다.

베트남은 1천 년 동안 중국의 지배를 받았습니다. 서기 9백 년대

격주간 〈다함께〉 27호, 2004년 3월 20일, https://wspaper.org/article/1183

가 돼서야 비로소 중국으로부터 독립해서 독립 국가를 이룹니다. 그리고 1859년까지 독립 국가를 유지합니다. 그러고 나서 다시 프랑스 식민지가 돼 1백 년 동안 프랑스의 지배를 받습니다.

베트남은 중국, 프랑스, 일본 그리고 미국과 차례로 싸워서 이겼습니다. 미국과의 전쟁은 너무 잘 알려진 사실이죠. 미국은 전쟁을 해서 전승 1무 1패를 했죠. 1무는 한국에서 했고, 그 다음 1패를 베트남에서 기록했습니다.

우리가 알고 있는 베트남 전쟁은 흔히 두 차례의 전쟁으로 나눕니다. '1차 인도차이나 전쟁'이라고 불리는 프랑스와 베트남 간의 전쟁이 있고, '2차 인도차이나전쟁'이라고 불리는 베트남과 미국 간의 전쟁이 있습니다. 한국이 참전했던 전쟁은 바로 2차 인도차이나 전쟁이었습니다.

1차 인도차이나 전쟁은 1945년부터 시작한 전쟁입니다. 프랑스는 1백 년 동안 베트남을 지배하다가 제2차세계대전에서 독일에 패배하죠. 그러자 독일의 동맹국인 일본이 베트남에 진주합니다. 일본은 베트남을 1941년부터 실질적으로 지배하기 시작합니다.

그러나 일본은 한국처럼 직접 총독부를 두고 지배하지 않고 식민지를 다스리고 있던 프랑스 총독부를 그대로 두고 프랑스 관리들을 앞세워서 식민지 통치를 계속합니다. 1944년 일본이 종전 막바지에 이르러서야 프랑스를 몰아내고 직접 통치에 나섭니다. 그러다가 1945년에 베트남은 일본의 패전과 더불어 독립하게 됩니다.

이 독립의 과정은 한국과 매우 유사하지만, 좀 다른 점이 있습니다. 한국은 많은 무장투쟁을 했지만 일본으로부터 직접 권력을 접수하지는 못했죠. 반면, 베트남은 베트남 인민해방군이 직접 일본군을 무장해제시키고 하노이를 접수했습니다.

전승 1무 1패

그러나 한국에서 1945년에 미군과 소련군이 일본의 무장해제와 독립정부 수립을 지원한다는 명분으로 삼팔선 양쪽으로 주둔한 것과 마찬가지로, 영국과 [중국의] 장개석 군대가 일본의 무장을 해제시킨다는 명분으로 베트남에 진주합니다. 17도 선을 중심으로 해서 남쪽에는 영국군이 들어오고 북쪽에는 장개석 군대가 들어옵니다.

그런데 북쪽의 장개석 군대는 중국 대륙에서 마오 정부와 싸우는 과정에서 패퇴하면서 궁지에 몰려 스스로 철수하게 됩니다. 그렇게 해서 북쪽은 호치민이 지도하는 인민해방군이 독립정부를 세웠고, 남쪽 영국 휘하에서는 바우다이를 앞세운 허수아비 정부가 들어섭니다.

한국에서도 그랬듯이 [영국군] 진주 당시 자유선거를 통한 통일국가를 수립한다는 약속이 있었습니다. [그러나] 영국군은 자유선거를 해야 할 의무를 지키지 않고 일방적으로 철수해 버렸습니다. 물론, 그냥 철수한 것은 아니고 프랑스군을 불러들여 베트남의 남쪽을 프랑스에 넘겨주고 철수했습니다.

프랑스와 영국이 아프리카와 아시아 국가들을 나눠 가질 때 영국은 프랑스가 베트남을 점령하는 데 대해 양해한 바 있습니다. 영국은 [프랑스에게] '이것[베트남]은 니꺼니까 니들이 가져' 하고 나갔죠. 프랑스는 이게[베트남] 원래 자신들 것이었으니 되찾아야겠다면서 1945년에 다시 들어온 겁니다.

1945년에 프랑스군이 들어오자 당시 북베트남을 지도하던 호치민은 이 문제를 평화적으로 해결하기 위해 프랑스와 장기간 협상에 들어갑니다. 직접 프랑스에 가서 2개월 동안 섬에서 대기하는 모욕을 감내하죠.

호치민은 최종적으로 베트남이 상대적 독립성을 갖는 한 프랑스에 연방으로 편입되는 것까지 수용하는 양보안을 내놓았지만 프랑스는 그조차 받아들이지 않았습니다. 두 달 동안의 협상은 무위로 끝나고 호치민은 베트남에 빈손으로 돌아올 수밖에 없었죠.

호치민은 베트남이 겪어야 할 비극과 희생을 피하기 위해 할 수 있는 모든 양보를 해서라도 이 전쟁을 피하고자 했죠. 그러나 프랑스는 양보하지 않고 1949년부터 17도 선을 넘어서 북베트남을 공격합니다. 결국 북쪽 정부를 유지하던 호치민을 수반으로 하는 지도부는 수도 하노이를 내놓고 다시 산악지대로 후퇴하게 됩니다. 이 때부터 시작된 전쟁이 1차 인도차이나 전쟁, 프랑스와 베트남 간의 전쟁입니다. 이 전쟁은 1954년까지 지속됩니다.

이 전쟁을 끝낸 전투는 디엔비엔푸 전투였습니다. 세계 10대 결전 중 하나로 전사(戰史)에 나오죠. 북베트남은 프랑스의 공격을 받아 산악지대로 후퇴하면서 산악지대에 근거를 두고 게릴라전을 했습니다.

당시 프랑스는 베트남의 산악지대의 중심인 디엔비엔푸라고 하는 베트남 서북쪽 산악지역에 비행장 두 개를 가진 군사기지를 건설합니다. 여기에 접근할 수 있는 도로는 하나도 없었습니다. 병사와 보급은 모두 공중 수송을 통해서 조달했습니다. 여기에 1만 5천 명의 프랑스 최정예 부대가 주둔했습니다.

바로 이 철의 요새라고 했던 디엔비엔푸가 1954년 1월부터 베트남 인민해방군의 공격을 받아 3개월 만에 함락됩니다. 단 한 대의 헬리콥터도 가지고 있지 않던 북베트남이 공중 무력을 완전히 장악하고 있는 철의 요새를 공격해서 함락시킬 수 있을 것이라고는 [누구도] 상상할 수 없었습니다.

베트남 사람들은 대포를 분해해 소와 사람의 힘만으로 산꼭대기로 가지고 올라가 폭격하고, 비행장 밑으로 땅굴을 파고 들어가 비행기가 출격할 수 없게 해 프랑스군을 괴멸시켰죠. 3개월 간의 전투 끝에 프랑스군 5천 명이 사살당하고 생존자 1만 명이 전원 항복했습니다. 드미트리 사령관을 비롯한 1만 명이 포로로 잡혔는데, 이것은 세계를 경악시켰죠.

프랑스는 이 전투에서 괴멸당해 철수했죠. 그것이 1954년이었습니다. 역사상 처음으로 식민지 군대가 제국주의 본국의 군대를 물리치고 항복을 받아 낸 전쟁이었습니다.

프랑스가 물러난 다음 빈 자리로 찾아간 게 미국이었습니다. 1954년은 한국전쟁이 끝난 다음 해입니다. 미국은 한국전쟁에서 빼낸 군사력을 가지고 베트남전쟁에 개입합니다.

물론 프랑스와 베트남이 전쟁을 하는 과정에서도 전비의 90퍼센트를 미국이 제공했습니다. 1차 인도차이나 전쟁도 실제로는 미국과 베트남의 전쟁이었고 그 수행을 프랑스가 대신했을 뿐이었죠. 미국은 전쟁을 시작하면서 45일 안에 베트남을 완전히 접수할 수 있다고 말했습니다. 전쟁의 명분은 '통킹만 사건'이죠. 역사책에 나오는 이 사건은 베트남의 앞바다 비엔동을 항해하던 미국 함대를 북베트남이 어뢰로 공격했다는 사건입니다.

미국은 이를 응징하기 위해 북베트남에 대한 폭격을 시작한다고 했습니다. [그러나] 이것은 미국이 만든 조작이었다는 것이 미국 자신의 문서를 통해 이미 다 폭로됐습니다. 북베트남은 어뢰로 공격한 적도 없었죠.

그것은 미국이 항상 전쟁을 시작할 때 쓰는 거짓 정보에 의한 사기극이었습니다. 이라크에 쳐들어갈 때도 대량살상무기를 제거하기 위해 전쟁을 시작한다고 했지만 지금까지 대량살상무기는커녕 '소량살상무기'도 발견한 사람이 없었죠.

이렇게 미국은 1965년에 베트남에서 전면전을 시작했고 이 전쟁은 1975년까지 10년간 계속됐습니다. 미국은 이 전쟁이 동양과 서양의 전쟁으로 비치는 것을 굉장히 피하고 싶어했습니다. 그래서 미국이 아닌 여러 국가들을 이 전쟁에 끌어들이고 싶어했죠. 특히 베트남과 똑같은 피부 색깔을 가진 사람들을 이 전쟁에 투입하고 싶어했습니다. 그 요청에 의해서 한국은 베트남전에 발을 들여놓았죠.

2.5배

이 전쟁에 참전했던 베트남 상주 병력은 오스트레일리아가 2백 명에서 1천 명 정도였습니다. 뉴질랜드가 30명에서 5백 명 정도 주둔했습니다. 대만이 30명 참전했습니다. 필리핀은 17명에서 가장 많을 때 2천 명이 참전했습니다. 태국은 1만 1천 명이 참전했습니다. 영국은 의장대 6명이 참전했습니다. 한국은 상시 5만 명이 주둔했고, 연인원 35만 명이 참전했습니다. 미국은 상시 주둔 35만 명이었습니다. 이 전쟁에서 미국 다음으로 전투부대를 실질적으로 파견해 운영한 국가는 한국뿐이었다고 해도 크게 틀리지 않습니다.

미국은 45일 안에 끝낸다는 전쟁을 10년 간 진행하면서 제2차세계대전 당시 사용된 폭탄의 2.5배에 해당하는 폭탄을 베트남에 퍼부었습니다. 그러고도 미국은 이 전쟁에서 지고 말았죠. 이 전쟁에서 왜 졌는지 미국은 지금까지도 설명하지 못하고 있죠.

미국이 질 수밖에 없었던 것은 우선, 미국이 지원했던 남쪽 정부와 북쪽 정부의 성격 차이에서 비롯했습니다.

북베트남 지도부인 북베트남 정치위원 최고 지도부 11명은 전원이 독립운동을 했다는 이유로 프랑스에 의해 베트남 최남단의 섬에 있는 꼰다오 감옥(한번 들어가면 살아나오기 어렵다는)에 수감됐거나 해외에서 독립투쟁을 벌였던 사람들로만 구성됐습니다.

반면, 미국이 지원한 '자유민주주의 세력' 남쪽의 고 딘 디엠 정부의 각료 전원은 프랑스와 일본 총독부에 협력했던 친일·친프랑스 반민족 분자들이었습니다. 이 전쟁에서 베트남 국민들이 어느 쪽을 선택할 것인가 하는 것은 너무나 자명한 것이었습니다.

고 딘 디엠과 호치민은 같은 고등학교 동창생들이에요. 그러나 그 두 사람이 걸어간 길은 정반대였죠. 고 딘 디엠은 프랑스 앞잡이가 돼서 프랑스의 장관으로 일하고 나중에 미국이 들어왔을 때는 다시 미국의 앞잡이가 돼서 대통령이 됐죠. 반면, 호치민은 평생을 해외로 떠돌면서 독립 투쟁을 했고 죽을 때까지 그렇게 살았습니다.

이런 지도자가 이끄는 세력과 프랑스와 일본에 이어 미국에 자기 나라를 판 지도자가 이끄는 세력의 전쟁에서 어느 쪽이 이길지는 너무나 자명했던 것이죠.

그러나 이렇게 옳다고 해서 [늘] 전쟁에서 이기는 것은 아니죠. 베트남 전쟁을 수행한 주체들의 탁월한 전쟁 의식과 전술들이 베트남 전쟁을 승리로 이끌었습니다. 보 구엔 지압 장군은 세기의 전술가로 꼽히고 있죠. 베트남 전쟁을 이해하려면 인민전쟁 전술을 이해해야 합니다.

지압은 베트남 전쟁의 성격을 제국주의 침략 전쟁이라고 규정했습니다. 그는 제국주의 침략 전쟁이 침략 자체가 아니라 침략해서 지배하는 데 목적이 있다[고 봤습니다]. [또한] 그는 바로 이 점이 제국주의 전쟁의 무서운 점이고, 제국주의 전쟁의 피할 수 없는 약점 또한 이 속에 있다고 보았습니다.

지압 장군은 제국주의 군대가 지배하기 위해서는 끊임없이 군대를 분산하지 않을 수 없고, 이렇게 되면 반드시 약점, 취약한 고리들이 생길 수밖에 없다는 점을 주목했습니다. 바로 그 취약한 고리가 공격의 대상이고, 그 곳으로부터 강한 부대를 붕괴시킨다는 것이 인민전쟁 전술의 핵심입니다.

그런 전쟁은 게릴라전이 될 수밖에 없습니다. 게릴라 부대는 기지가 없어 상대가 공격할 수 없는 부대입니다. [그래서] 미국은 [자신들이]

전투를 하고 싶을 때 [맘대로] 하기 어려웠고, 전투의 선택권은 항상 베트남 쪽에 있었습니다. 왜냐하면 자기들이 공격하고 싶은 약한 고리가 발견되었을 때, 그 곳을 공격했기 때문입니다.

1968년 '구정공세'라는 것이 있었습니다. 1968년은 미국에서 반전 운동이 굉장히 드높아질 때였습니다. 그래서 미국은 반전 운동에 맞서서 6개월 이내에 베트남 전쟁을 끝내겠다고 공언했습니다. 그 때 지압 장군은 전 병력을 동원해서 주요 도시들에 대한 공격을 시작합니다. 그래서 비록 단 한 시간이지만 남베트남의 수도 사이공에 있는 미국 대사관을 점령해 미국을 경악에 빠뜨렸습니다.

[결국 이 사건은] 미국이 전쟁에서 이기고 있다는 얘기가 모조리 거짓말이라는 사실을 미국 내에 보여 주게 됐습니다. [그 결과] 미국은 내부에서 패배하기 시작합니다.

베트남 전쟁은 미국에서 처음으로 전쟁에 나간 아이들이 바보 취급을 받는 전쟁이 돼 버렸습니다. 베트남 전쟁에 나갔던 사람들은 세계에서 가장 더러운 전쟁에 참전한 사람들이라는 낙인이 찍혔고, 미국에서 반전 운동이 걷잡을 수 없이 일어나 미국은 더는 전쟁을 수행하기 불가능할 지경이 됐습니다.

한국군은 이러한 미국을 궁지에서 탈출시켜 주는 데 가장 주요한 역할을 한 군대였습니다. 한국군[파병]은 1964년에 이동 야전병원을 파견하는 것으로 시작했습니다.

군대를 파견하는 순서는 언제나 정해져 있습니다. '인도적 차원'에서 의료부대를 파견합니다. 그 다음, '재건을 지원하기 위해' 공병대를 파견합니다. 그 다음에 그 공병대를 지키기 위해 전투병을 파견합니다. 그리고 전투병이 희생되면, 그 전투병을 보호하고 [적을] 응징하기 위해 정규 전투부대를 파병하죠.

1965년에 이어서 비둘기부대라는 공병대가 들어갑니다. 그리고 이 비둘기부대를 보호하기 위한 경비적 성격을 띤 전투부대가 들어가고, 이어서 바로 해병대가 들어갑니다. 청룡부대라는 이름으로 편성된 해병대가 베트남 중부에 진입하고 이어서 육군인 맹호부대와 백마부대가 차례로 베트남에 들어갑니다.

평균 5만 명의 병력이 베트남에 주둔했습니다. 1973년까지 한국군은 총 35만 명이 베트남에 갔습니다. 이 과정에서 한국군은 4천9백50명이 전사했고 1만 명이 불구가 됐습니다. 그리고 지금 6만 명이 고엽제 후유증을 호소하고 있습니다. 이 전쟁에서 미국 다음으로 많은 희생을 치른 나라가 한국입니다.

물론 베트남이 치른 희생은 말할 것도 없지요. 베트남은 이 전쟁에서 민간인 1백50만 명이 죽었습니다. 군인들보다 민간인들이 훨씬 많이 죽었습니다. 군인은 남베트남 정부군 20만 명, 북베트남 정규군과 민족해방전선 소속 군인 90만 명을 합친 1백10만 명이 죽었습니다. 사망자 수는 당시 베트남 인구의 10퍼센트에 해당합니다. 베트남 사람 10명에 한 명이 죽고 10명에 한 명이 불구가 된 것입니다.

이 전쟁에서 희생당한 것은 베트남뿐이 아니었습니다. 베트남 인근 라오스, 캄보디아도 많은 피해를 입었습니다. 라오스 국민 1인당 5백 그램의 폭탄이 라오스에 투하됐습니다.

반공주의와 공포

한국이 베트남에 간 이유는 두 가지였습니다. 하나는 한국 내의 반공주의를 더 강화하기 위해서였습니다. 알다시피 박정희 정권은 1961년 4·19혁명을 통해 등장한 민주정부를 무력으로 전복하고 강제로 정권을 탈취한 정통성 없는 친일파 출신의 군사정권이었습니다. 이 정통성 없는 정권을 유지하기 위해서 국민들을 통제해야 했고, 그 통제의 강력한 수단은 반공주의였습니다. 정권에 반대하는 모든 자들을 빨갱이로 몰아서 탄압하고 정권을 공고하게 유지하기 위해서 베트남에 파병하는 것이 유리했습니다.

두번째로는 이 정통성 없는 국가가 국제사회에서 인정받기 위해서는 특히 미국의 강력한 지지가 필요했습니다. 박정희는 자발적으로 미국이 가장 아쉬워하는 것, 가장 가려운 곳을 긁어 주기로 했습니다. 그래서 베트남전에 참전하겠다는 제안을 [미국보다] 먼저 하게 됩니다.

일부 학자들이 밝혀 낸 자료만 봐도 한국군이 베트남전에서 학살한 양민 숫자가 9천 명이 넘습니다. 이것은 드러난 숫자일 뿐입니다. 그 이유를 두 가지로 설명할 수 있습니다.

하나는 한국이 강고한 반공주의 교육을 받은 나라였기 때문에 그렇습니다. 베트남 사람들은 한국군이 때로는 미군보다 더 잔인했다고 말했습니다.

한국군과 직접 전투를 했던 판반꾹이라는 유격대장을 베트남 중부에서 만났을 때 그에게 들은 얘기는 이렇습니다.

당시 그는 15살 소년이었는데 한국군이 처음 들어올 때 상부로부터 이렇게 배웠습니다. '한국군은 미국의 용병이고 어쩔 수 없이 전쟁에 끌려온 사람들이다. 그렇기 때문에 우리의 적이 아니다.' 그래서 그들은 한국군을 적으로 생각하지도 않았고, 싸우려고 하지도 않았습니다.

그러나 어느 날 한국군들이 자기 마을에 들어왔고, 당시 집에 있던 사람들은 한 사람도 남김없이 모두 학살당했습니다. 그는 숲 속에 숨어서 학살 장면을 아침부터 저녁까지 끝까지 지켜보았고 자원입대해서 산에 들어갔습니다. 그 사건 때문에 그 부대의 당시 슬로건은 '청룡을 찢어죽이자'가 됐습니다. 그는 한쪽 발목을 잃은 후 다행히 살아남아서 여생을 보내고 있지만 지금도 한국군의 죄상에 대해서 용서할 수 없다고 말했습니다.

한국군이 자신과 아무 관계도 없는 베트남 땅에 가서 무고한 양민들을 학살한 이유는 '빨갱이는 사람도 아니다. 빨갱이는 죽여도 좋다.'는 강고한 반공 교육 때문이었습니다.

그리고 두번째는 공포였죠. 이 전쟁에서 많이 배우고 많이 가진 사람들은 아주 예외적인 경우를 제외하고는 아무도 총 들고 전선에 나가지 않았습니다. 베트남에 갔더라도 전부 후방에 있었습니다.

시골 출신의 가난한 농부의 아들들, 국민학교도 제대로 다니지 못한 사람들이 전방에 총알받이로 나갔습니다. 이 사람들에게 베트남은 낯선 땅이었고 우리 편은 한 명도 없었습니다.

어떤 베트남 사람들이 자기 나라에 들어 온 남의 나라 군대를 환영하겠습니까? 모두가 적일 수밖에 없습니다. 누가 나를 공격할지 알 수 없는 공포. 그렇기 때문에 흔들리는 것은 나뭇잎이라도 없애 버려야 안심이 되는 이런 공포 속에서 그들은 전쟁을 치렀습니다. 그 속에서 양민들이 희생당하는 것은 매우 자연스러운 일입니다. 이것은 외국군이 어느 나라에 파견되더라도 동일하게 반복될 수밖에 없는 사실입니다.

한국은 베트남에 사과하고 보상해야 합니다. 그리고 아무 조건 없이 이 피해자들에게 배상해야 합니다. 그리고 나서 우리가 갚은 배상에 대해서 미국에 배상할 것을 요구해야 합니다.

전쟁 교본에는 이렇게 나와 있습니다. '평화적 방법으로 강요할 수 없는 정치적 의지를 상대에게 강요하기 위해 무력을 동원해서 정치 행위를 벌이는 것'. 이것이 전쟁입니다.

전쟁은 정치가 아닌 것이 아닙니다. 전쟁은 전면적인 정치 행위입니다. 남의 의지를 꺾고 나의 의지를 받아들이도록 강요하는 것이 전쟁입니다. 미국은 베트남과 이라크에서 그 의지를 강요하기 위해서 전쟁을 벌였습니다. 한국은 베트남에 강요해야 할 어떤 의지가 있었습니까? 우리가 이라크에 강요해야 할 어떤 의지가 있습니까?

이것이 없다면 전쟁의 당사자일 수 없습니다. 다만 용병일 수밖에 없습니다. 우리가 베트남으로부터 배우고 베트남에 진정으로 사과하는 길은 베트남에 가서 미안하다고 이야기하는 것이 아니라 우리가 다시는 그런 역사적 잘못을 되풀이하지 않는 것입니다. 우리가 이라크에 파병하면서 베트남에 미안하다고 하는 말은 전부 거짓말일 뿐입니다.

우리는 역사에서 배워야 합니다. 그리고 우리는 세계와 함께 살아가야 합니다. 지금 우리가 반전운동을 하는 것은 전쟁을 반대하기 위해서라는 단순한 문제가 아니라 우리가 어떻게 세계와 함께 살아가야 하는지를 공부하는 시간이라고 생각합니다.

이 문제는 사회의 다른 문제들과 연관돼 있습니다. 이주노동자들을 대하는 한국 정부의 태도를 보면, 도대체 한국의 정치인들은 미래의 한국을 어떤 나라로 만들려고 하는지 아무런 구상도 없습니다.

미국은 무력으로 세계를 지배하려 합니다. 그러나 그 방법에는 희생이 따르죠. 9·11테러가 괜히 일어났습니까? 미국인들은 이제 앞으로 세계 어디서도 마음 놓고 거리를 활보하지 못하게 될 것입니다. 그들은 비록 부자일지 모르지만 어디서나 테러의 대상이 될 것입니다. 그리고 미국은 더 큰 테러들을 통해 그 테러를 응징하려고 할 겁니다. 그것이 미국이 세계에서 살아가는 방식입니다.

그러면 한국은 어떻게 살아가야 하는가? 한국도 세계에서 테러의 대상이 되고 싶은가? 그리고 그 테러를 한국은 더 큰 무력을 동원한 테러로 응징할 수 있는가?

한국은 평화로운 방법으로 세계와 진정한 친구가 되는 길을 통해 함께 살아가야 합니다. 그러기 위해서는 아무 이익도, 이해관계도 없는 나라에 총부리를 겨누는 전쟁에 파병해서는 안 됩니다. 그리고 한국에 와 있는 외국인들, 특히 약자에 해당하는 이주노동자들과 함께 살아가야 합니다.

제3부
민족과 민족해방

민족과 계급

포퓰리스트들은 계급보다 민족을, 노동자 투쟁보다 통일 운동을 더 중요하게 여긴다. (포퓰리즘은 엘리트, 즉 소수 권력자들과 소수 부자들을 제외한 나머지 보통 국민들의 대변자를 자처하는 정치 사상과 정치 활동을 가리키는 용어다.)

이런 관점은 특정 국면에서 노동자 투쟁과 대립하기도 한다. 현재 민주노총이 김대중 정부 퇴진을 주장하지만, 포퓰리스트들은 김대중이 통일 운동에서 '진보적' 역할을 한다며 퇴진 주장에 반대한다. 심지어 일부 포퓰리스트는 계급적 관점을 내세우는 것을 '계급 이기주의'라며 반대한다.

민족이 우선한다고 주장하는 사람들은 세계의 근본적 구분이 민족들 사이에 있다고 생각한다. 이런 관점이 실제로 설득력 있는 듯이 보이는 이유는 바로 자본주의의 발전이 국민 국가에 의존하면서 이

최일붕. 출처 미상.

뤄졌기 때문이다.

봉건제의 태내에서 자본주의가 발전하면서 비교적 동질적인 국내 시장이 형성됐고, 또 자본주의가 발전하기 위해서는 그런 시장이 필요했다. 지역간 관세 장벽이 무너지고 교통·통신 시설이 더 널리 확립되는 것은 국내 시장 형성에 일조했다. 긴밀한 경제적 통합은 민족 국가의 발달을 촉진했다.

민족 국가의 형성 과정은 언어·문화·생활양식 등의 균일성을 촉진하는 과정이기도 했다. 봉건제의 쇠퇴 과정에서 여러 방언들이 사라지면서 민족 언어가 등장했다. 민족 국가는 중앙집권적 관료제와 교육 제도를 통해 이러한 문화적 균일성을 확대해 갔다. 또, 민족 국가는 군사비 지출 등 갖가지 방식으로 자본주의 발전을 촉진했다.

자본주의가 19세기 말에 제국주의 단계에 들어서면서 나라간 차이가 더욱 두드러졌고, 세계 대다수 민족들이 극소수 국가들에 종속됐다. 이러한 억압에 대한 정치적 반발은 민족주의의 형태를 취하는 경향이 있다.

민족 국가는 봉건제의 구성 단위(장원)보다 더 크고 더 균일한 정치적 단위를 새로 만들어 내고, 현지 주민들에게 자체 언어와 문화를 제공한다. 하지만 제국주의의 지배는 이러한 발전을 제약한다. 민족 국가의 발전이 득이 되는 집단, 특히 신분 상승의 길이 막혀 버린 중간계급은 제국주의 지배에 강력히 반발할 수 있다. 피억압 민족해방 운동의 지도자들이 대체로 중간계급 출신인 이유는 바로 이 때문이다.

제국주의 시대에 들어서면서 두 가지 형태의 민족주의가 서로 충돌한다. 하나는 다른 민족을 억압하는 제국주의적 민족주의이고 다른 하나는 피억압 민족의 민족주의다. 이러한 충돌에서 중국·베트남·알제리·아일랜드 등의 해방 투쟁이 비롯했다.

민족해방운동

마르크스주의자들은 제국주의적 민족주의에 저항하는 피억압 민족의 민족주의를 지지한다. 하지만 마르크스주의자들이 민족 해방 투쟁을 지지하는 것은 그들이 민족주의에 환상을 가져서가 아니라, 노동자 계급의 단결을 위해 그럴 필요가 있기 때문이다.

마르크스는 아일랜드 독립 운동이 부르주아지에 의해 지도된다 할지라도 영국 노동자들은 이 운동을 지지해야 한다고 주장했다. 그래야만 영국과 아일랜드의 노동자 계급이 단결할 수 있기 때문이다. 영국 노동자들이 자신들의 운동을 지지하지 않는다면 아일랜드 노동자들의 눈에 영국 노동자들은 지배자들과 한편으로 비쳐질 것이다.

더 중요한 또 다른 이유는 민족해방 운동들이 제국주의를 약화시킨다는 점이다. 베트남 민족해방 운동이 미국을 패퇴시킨 덕분에 미국은 한동안 섣불리 제3세계에 개입할 수 없었다.

마르크스주의자들은 노동자 계급의 국제적 단결을 이루고 제국주의를 약화시키기 위해 피억압 민족의 해방을 지지하지만, 민족주의라는 이데올로기까지 지지하는 것은 아니다.

이것은 마르크스주의자와 민족주의가 근본 목표가 다르기 때문이다. 마르크스주의는 노동자 계급에 의한 사회 근본 변혁을 위한 지침이다. 그런데 피억압 민족이라 할지라도 그 민족주의의 궁극 목표는 자본주의적 민족 국가를 건설하는 것이다. 이 때문에 민족주의 지도자들은 그 정치적 웅변술이 아무리 급진적일지라도 자본주의적 국가 체계의 근간을 그대로 유지하려 한다. 이것은 그들이 조만간 제국주의와 타협할 것임을 뜻한다.

1980년대 말 이란의 이슬람 지도자들이 미국 제국주의와 타협한 것이나, 팔레스타인해방기구(PLO)의 지도자 아라파트가 이스라엘 국가를 인정하고 미국 제국주의와 타협하기 시작한 사례 또는 아일랜드의 신페인 당이 무장 투쟁을 포기하고 영국 제국주의와 타협한 것이 이러한 사례들이다.

제2차세계대전 종전 이후의 자본주의 발전 덕분에 자본주의적 민족 자립 국가를 건설하는 것이 이전에 비해 더 어려워졌다. 1949년 중국 혁명이나 1958년 쿠바 혁명은 제국주의에 맞선 투쟁에서 민족 해방에 성공한 예외 사례에 속한다.

알제리·니카라과·이집트 등 많은 나라들이 경제의 세계화 경향 속에서 민족 자립 경제를 건설하는 것이 더욱 어렵다는 사실을 발견하고는 세계 경제에 대한 개방으로 돌아섰다. 심지어 중국이나 쿠바조차 혁명 이후의 경험은 세계 체제가 가하는 압력에서 자유롭지 못함을 보여 줬다.

투쟁의 동력

제2차세계대전이 끝나고 수십 년 사이에 대부분의 제3세계 민중들이 제국주의 지배로부터 해방되어 독립 민족 국가를 건설하면서, 위대한 역사적 민족 해방 운동이 대부분 사라진 듯하다. 물론 여전히 중요한 민족 투쟁들이 소수 존재한다. 터키 내 쿠르드 족이나 북아일랜드의 경우처럼 진정한 민족 해방 운동이 있다.

다른 한편, 발칸 반도에서처럼 각 민족 지배자들이 노동자들을 분열시키고 서로 대립하도록 하기 위해 민족주의를 이용하기도 한다.

한반도에는 냉전의 잔재인 남북한 분단이 현실로 존재한다. 분단이라는 상황은 우리 사회에서 제국주의에 반대하는 좌파 민족주의 포퓰리스트들이 등장할 수 있는 물질적 기초다.

민족주의가 반제국주의 민족해방 운동을 한결같이 이끄는 이데올로기가 되지 못하면서 반제 투쟁의 동력에 관한 개념이 혼란되곤 했다.

민족주의자들은 제국주의에 반대해 전 민족의 단결을 외친다. 하지만 자본주의가 더욱 발전하고 통합되면서 피억압 민족의 자본가들은 그보다 하층의 사람들에 비해 민족해방에 그다지 큰 열의를 갖고 있지 않다.

이것은 제국주의가 피억압 민족에게 미치는 영향이 계급적 지위에 따라 다르기 때문이다. 이라크의 후세인과 평범한 민중이 미국의 경제 제재 조치로 인해 받는 영향은 서로 다르다. 또, 아랍 산유국의 지배자들이 석유로 인한 수익으로 여러 나라를 호사스럽게 여행하는 것과 평범한 사람들이 생활고로 고통을 겪는 것이 대비된다.

그래서 민족 구성원 전체가 제국주의와 관련해 공통된 입장을 취하지 못하는 경우가 다반사다. 한총련 투사들은 주한미군 철수를 외치고 있지만 같은 민족의 일원인 김대중은 주한미군 철수에 반대한다.

오히려 반제 투쟁을 한결같이 하려면 서로 이해관계가 다른 집단들의 단순 집합인 민족이 아니라 계급에 기초한 정치를 받아들일 필요가 있다.

자본주의 세계에서 민족 '분단'보다 계급 '분단'이 더 근본적이다. 자본주의 세계 체제로서의 제국주의에 대항하려면 자본주의의 무덤을 파는 사람인 노동자 계급의 투쟁과 그들의 국제적 단결이 필요하다. 반제 투쟁에서 민족주의가 아니라 계급 정치가 더욱 중요한 것은 바로 이 때문이다.

민족주의가 제국주의에 맞설 때에는 국제주의의 관점에서 지지를 해야 하지만 한결같은 반제 투쟁을 하지 못한다는 점도 알 필요가 있다. 이것은 구체적 상황에서 민족주의 세력들이 취하는 태도에 대한 구체적·정치적 분석이 필요함을 의미한다. 하지만 민족주의 운동을 지지하는 이유는 바로 제국주의를 약화시키고 노동자 대중을 민족주의에서 떼어 내어 근본적 사회변혁을 지지하도록 하기 위해서다.

마르크스 이론은
국민적 단결 신화를 어떻게 보는가?

TV와 기성 신문은 월드컵 대회를 이용해 민족주의를 한껏 부추긴다. 사실, 요람에서 무덤까지 대한민국 국민의 한 사람으로서 생각하고 행동하라는 압력을 받는다. 월드컵이든 학교의 역사 수업이든 병역 의무든 압력은 언제나 똑같다 ― 너는 한국인, 유구한 역사와 전통에 빛나는 대한민국 국민이다. 우리 나라가 최고라고 믿어라. 물론 다른 나라에서도 똑같은 일이 벌어진다. 다른 나라의 어린이들도 모두 자국의 우월성을 믿도록 교육받는다. 어디서든 그렇다. 곰곰히 생각해 보면 이처럼 터무니없는 일이 또 어디 있을까? 하지만 지배자들한테는 이것이 매우 중요한 일이다. 그들은 애국심이 모든 사람의 몸에 배어 전혀 의심의 대상이 되지 않기를 바란다. 애국심은 우리 나라 사장과 노동자가 다른 나라 사장과 노동자에 대항하는

최일붕. 월간 《다함께》 14호, 2002년 7월 1일. https://wspaper.org/article/433.

공동의 이해 관계가 있다는 생각을 강화한다. 또한 애국심은 국가의 권력과 권위를 강화한다. 이것은 착취자가 피착취자를 계속 지배하는 데서 중요한 구실을 한다. 바로 이것이 마르크스주의가 민족주의를 배격하고 국제주의를 표방하는 이유다. 마르크스주의는 세계를 국가의 관점이 아니라 계급의 관점에서 본다. 즉, 세계는 근본에서 국가가 아니라 계급에 따라 분열해 있다고 본다. 따라서 국가 내부의 계급 대립이 없어져야 국가 상호 간의 적대적 대결도 사라질 것이다. 국민 국가의 틀을 받아들이는 기성 정치인들과 일부 개혁 지상주의자들은 IMF 관리 체제 초기에 "우리 경제를 살리자", "우리 나라가 다시 일어서게 만들자"고 외쳐 댔다. 하지만 이 말은 잘못됐다. '우리' 경제, '우리' 나라는 없다. 둘 다 지배 계급의 것이다. 마르크스는 "노동자들에게는 조국이 없다"고 말했다. "우리 경제", "우리 나라"를 이야기하는 개혁 지상주의자들은 스스로 지배 계급의 포로임을 드러내는 것이다. 그와 동시에, 그들은 그 같은 생각을 노동 계급 내에서도 강화한다.

부르주아지는 노동 계급을 자신에게 묶어 놓기 위해 민족주의가 필요하다. 반대로, 노동 계급은 자신의 독립성을 확립하기 위해 국제주의가 필요하다. 또한 사회 근본 변혁이 한 나라 안에서만 성공할 수는 없기 때문에 국제주의가 필요하다. 사회 근본 변혁이 일국에서 고립되면 세계 규모의 군사·경제 압력을 견디지 못한다. 그 나라는 세계 자본주의의 경쟁 압력 때문에 자본주의 방식을 다시 도입하게 될 것이다. 계급 착취와 차별과, 자본에 대한 노동의 종속이 부활할 것이다. 1920년대 말 옛 소련의 사례가 이것을 입증한다. 국제주의는 일상의 노동조합 투쟁에서조차 점점 더 불가피해지고 있다. 다른 나라 노동자들을 서로 경쟁시키는 다국간 기업에 맞서는 최선의 방어는 노동조합 현장 활동가들이 국제적으로 연대하는 것이다. "만국의 노동자여 단결하라"는 단지 듣기 좋으라고 하는 말이 아니다.

마르크스의 국제주의는 수입 규제 정책을 거부한다. 수입 규제 정책은 다른 나라들의 보복으로 인한 경제 재앙을 부른다. 그뿐 아니라, 한국 지배 계급에 대항한 고용 안정 투쟁이, 일본·홍콩·독일·프랑스 등의 노동자들에 맞서 '우리 나라' 사장들을 지지해 실업 문제를 해결하려는 시도로 뒤바뀌어 버린다. 진정한 국제주의는 민족·인종적 편견을 버리고 전 세계 국민들에게 우호적인 태도를 갖는 것 이상을 뜻한다. 국제주의는 '인류 형제주의'(혹은 '인류 자매주의')를 믿는 문제가 아니다. 마르크스 국제주의의 기본 요소는, 사회가 적대적 이해 관계를 가진 계급들로 나뉘어 있기 때문에 모든 남자들이 형제인 것도, 모든 여자들이 자매인 것도 아니라는 것이다.

마르크스의 국제주의는 세계를 그저 국민 국가 사이의 경쟁이라는 관점에서 보지 않는다. 오히려 세계 자본주의에 맞서는 세계 노동 계급의 투쟁을 그 출발점으로 삼는다. 이러한 투쟁에서 마르크스주의는 국제 노동 계급 전체의 이익이 지역과 국가에 따라 분할된 단기적인 이익보다 먼저라고 본다. 이와 같은 국제주의는 대중 매체에서 '국가를 위하는 길'이라고 떠드는 정책들과 아주 분명하게 선을 긋는 것이다.

민족주의의 기원

노무현은 '국익'('국민' 또는 '민족'의 이익)의 이름으로 이라크 파병을 추진하고 있다. 남한과 중국은 고구려 역사를 둘러싸고 민족주의 이데올로기를 부추기고 있다. 북한은 '강성대국'을 표방하며 민족주의를 조장하고 있다. 일본도 북핵, 개헌과 유사법제, 자위대 이라크 파병 문제를 놓고 국가주의(민족주의)를 조장하고 있다. 동북아시아 4국이 모두 민족주의 경쟁에 돌입해 있는 듯하다.

러시아의 민족주의는 소수민족, 특히 체첸 억압에서 가장 잘 드러난다. 하지만 미국도 국가주의(특히 아랍인을 차별하는 민족주의)를 이용하며 이라크를 강점하고 있음을 알아야 한다.

심지어 민주노동당 안에도 민족주의 경향이 상대적 다수임은 흥미롭다. 김창현 민주노동당 신임 사무총장은 얼마 전 당 지도부 선거

최일붕. 격주간 〈다함께〉 34호, 2004년 6월 26일. https://wspaper.org/article/1367.

에서 후보들 간에 민족이냐 계급이냐 식으로 대립됐던 사실을 개탄하며 둘을 '결합'시켜야 한다고 주장했다.

아래에서 곧 보게 되겠지만, 적잖이 발전한 자본주의 사회인 — 따라서 계급으로 분명히 나뉜 — 남한에서 민족과 계급을 결합시키기는 쉽지 않다.

민족주의의 기원은 언제부터인가? 널리 장려되고 있는 통념인즉, 민족주의는 자연적인(당연한) 것이라 한다. 우리가 나라(또는 민족)를 사랑하고, 국제 스포츠 경기 대회에서 우리 나라 팀을 응원하고, 국제 경쟁에 직면해 (1998년 금붙이 모으기처럼) 국민경제(민족경제)와 국내(민족) 기업을 지원하고, 전쟁에서 자기 민족(국민) 국가를 지지하는 것은 자연적인(당연한) 것이라 한다.

실상은, 민족주의는 자연적이지도 당연하지도 않다. 오히려 민족주의는 비교적 근래에 생겨난 산물이다.

사실, 민족주의 정서와 민족주의 이데올로기의 기지(基地)인 민족(국민) 국가 자체가 인류 역사에서 비교적 근래에 발생한 현상이다.

1백50만 년 동안 인류는 국가 없이 살았다. 원시 사회에는 어떤 형태의 국가도 없었다. 농업이 정착하고 사회가 계급으로 분화한 결과 국가가 생겨났다. 그러자 인류의 생활 근거지는 도시(가령 수메르의 우르)가 됐다. 결코 민족(국민)이 아니었다.

그런 도시국가들은 팽창과 정복을 통해 제국(가령 바빌로니아나 이집트)이 됐다. 제국은 방대한 영토를 통합해, 그 내부에 다양한 언어와 다양한 문화, 다양한 종족이 포함됐다.

서기 200년경의 세계 지도를 보면, 요즘 말로 유라시아 대륙은 후한(後漢)·쿠샨·사카·파르티아·로마, 이렇게 5대 제국으로 나뉘어 있었다. 오늘날 우리가 알고 있는 민족(국민) 국가는 존재하지 않았다.

그러므로 고구려가 '중국'에 속했다느니 '한국'에 속했다느니 하는 논쟁은 죄다 부질없거나 심지어 반동적인 것이다.

고구려

이와 마찬가지로, 중세 유럽의 왕국과 제국도 오늘날의 민족(국민)과 유사점이 별로 없었다. 그들이 벌인 수많은 전쟁도 왕 개인의 재정적 뒷받침을 받은 소규모 용병 부대가 주로 벌인 것이었다.

당시의 신민(臣民)들도 민족적(국민적) 충성심 또는 일체감 따위를 느끼지 않았다.

근현대 민족(국민) 국가는 자본주의의 산물이다. 신흥 자본가 계급들이 화폐와 사법제도가 단일하고 언어와 문화가 대동소이한 통합 자유무역지대로서 영속적 국내 시장을 확립할 필요가 있기 때문에 생겨나는 것이다.

그리고 민족주의 이데올로기는 부르주아지가 봉건 귀족에 맞서 장인(匠人)·노동자·농민 등 하위 계급들을 동원할 필요성에서 비롯하는 것이다.

민족주의는 해당 영토 내의 계급들이 공통의 이해관계가 있고 따라서 일치단결을 이룰 수 있다고 강조하므로 이 과업에 안성맞춤이다.

민족주의와 함께 민족의 역사적 전통(가령 〈독립신문〉·〈대한매일신보〉 등에 실린 애국 시가詩歌들)과 신화(아서왕의 전설, 단군신화 등)가 발명되거나 각색됐다. 역사적 연속성이라는 착각을 만들어내기 위해 이것들을 매우 먼 과거의 일로 비쳐지게 만들곤 했다.

근현대사를 좌지우지하다시피 해온 주요 국민(민족)들은 모두 이 과정의 산물이었다. 그 가운데 일부(예컨대 독일이나 이탈리아)는 19세기 후반에야 비로소 등장했음을 기억해야 한다.

오늘날의 민족주의는 근본적으로 18~19세기의 부르주아 민족주의와 비슷한 현상이다.

그러나, 또한 현대 민족주의는 다른 두 가지 주요 요인들에 대한 반응이기도 하다. 바로 제국주의와 국제 노동계급 운동이다.

신생 자본가 계급은 멀리 떨어진 땅과 인민들을 정복하고 착취하기 시작했다. 먼저, 특히 아메리카 대륙에서 노예제와 약탈을 통한 시초 자본축적이 있었다. 그리고 중국의 아편전쟁이나 인도에서처럼 유럽산 제품을 위한 시장 개방이 강요됐다. 그리고 자본주의 강대국들 간에 경제적·군사적으로 경쟁하는 엄밀한 의미의 제국주의 시대가 도래했다.

지난 세기가 시작될 무렵에는 세계의 거주 가능 지역이 거의 다 극소수 제국주의 열강들 사이에 분할됐다. 영국이 선두주자였다.

이런 제국주의적 억압은 필연적으로 저항을 불렀다. 식민지에서도 자본주의가 발전하자 이 저항은 부르주아 민족주의의 형태를 취했다. 민족 해방 투쟁이 들불처럼 일어났다. 이것은 20세기의 주된 특징 가운데 하나였다. 그에 따라 제2차세계대전 이후로 독립국들이 우후죽순처럼 생겨났다.

또한 세계 노동계급도 등장했다. 그러자 민족주의는 자본가들이 계급투쟁의 칼날을 무디게 만드는 데 필요한 결정적 무기 구실을 하게 됐다.

제국주의 나라들에서 국가주의(민족주의)는 노동조합 지도자들을 포함한 노동계 지도자들을 제국주의적 시류에 편승케 하는 데 이용돼 왔다. 제3세계에서 민족주의는 계급 분단을 은폐하는 데 이바지했다. 이를 통해 중간계급 지도자들(중국 공산당이나 쿠바 7·26 운동)이 반제국주의 운동을 지도할 수 있었다.

노무현이 이라크에 파병하고 "동북아 허브"를 운운하는 등 동북아시아 지도자들이 민족주의를 농단하는 것은 민족주의(국가주의)의 바로 이런 점들을 이용하고 싶기 때문이다.

김대중은 남북관계의 해빙을 이용해 대북 화해협력을 내세워, 좌파 민족주의자들을 달래고 투쟁적 노동자들과 급진 좌파를 고립시켰다.

계급

민족주의에 대한 마르크스주의의 태도는 민족주의의 역사적 기원에 대한 바로 이런 인식에 바탕을 두고 있다.

그래서 진정한 마르크스주의 이론은 어떤 형태의 민족주의 이데올로기도 결코 수용하지 않는다. 마르크스주의와 민족주의의 '결합'을 얘기하는 것은 무엇이든 사이비 마르크스주의이다. 언제나 민족주의는 노동자들을 그들의 진정한 적 ― 민족 자본가든 외국 자본가든 노동자들을 착취하는 자본가 ― 의 이해관계에 묶어 두는 수단이다. 그래서 진정한 마르크스주의 이론은 민족주의를 반대한다.

그러나 마르크스주의는 민족 자결권(분리권도 포함)과 국가 간의 자발적 통합(한반도에서의 평화적 민족통일을 포함한다)을 지지한다.

마르크스주의자들이 한민족이든 이라크인들이든 티베트와 신장 위구르족이든 민족 자결권을 주장하는 것은 오히려 민족주의의 뿌리를 근절하기 위해서이다.

민족주의의 본질과 모순

황우석 연구의 무비판적 옹호자들 가운데는 그 딱한 처지에 우리가 연민을 느끼지 않을 수 없는 불치병·난치병 환자들도 있었지만, 우익 정치인과 언론인 등도 있었다.

뜻밖에도 〈자주민보〉라는 한 주체주의 언론매체도 이들과 같은 편에 섰다. 그러나 문제는 황우석 논란에서 〈자주민보〉가 우익과 같은 입장을 취했다는 게 아니다. 진정한 문제는 민족주의에 있다. 민족주의와 진정한 사회주의는 근본적으로 양립 불가능하다.

민족주의의 가장 중요한 근본 특성은 민족이 그 성원들 간의 계급 분단을 초월해 공동의 이익과 정체성을 제공한다는 것이다.

사실만 살펴봐도 이 주장이 참이 아님은 분명하다. 생활수준, 라이프스타일, 태도 등의 면에서 남한 노동자와 미국·일본 노동자는

최일붕. 격주간 〈다함께〉 70호, 2005년 12월 23일. https://wspaper.org/article/2750.

각각의 기업주보다 서로 공통점이 훨씬 더 많다. 민족 내의 불평등이 하도 막대해서 민족 문화의 차이는 무색해진다.

이해관계라는 면에서 문제를 살펴보면 그러한 분단은 훨씬 더 뚜렷하다. 한국 기업인들은 한국 노동자들보다 단지 재산이 훨씬 더 많은 정도가 아니다. 그들은 한국 노동자들의 착취자들이다. 그래서 한국 노동자들에게 한국 기업인들은 적이다. 반면, 미국 노동자들은 한국 노동자들의 동맹 또는 적어도 잠재적 동맹이다.

각국 지배계급은 민족주의를 받든다. 조지 부시가 9·11 직후 '테러와의 전쟁'을 위해 제정했다는 법률 명칭은 '애국자법'이다. 고이즈미는 야스쿠니 신사참배를 하고, 중국 지배 관료는 중화주의를 조장하고, 노무현은 황우석이 "한국이 세계 일류가 될 수 있다는 믿음을 주었다"고 치하했었다. 블라디미르 푸틴은 "강한 러시아"를 부르짖고 있고, 토니 블레어는 1995년 전당대회에서 노동당을 "애국자정당"이라고 불렀다.

그들이 그렇게 하는 것은 민족주의가 자기네 나라 안의 분할을 은폐하고 자기네 노동계급을 복종시키는 데 이바지하기 때문이다.

오늘의 세계에서 민족주의는 노동계급에게 그들의 신세를 받아들이고 그들의 억압자·지배자와 일체감을 느끼라고 설득하는 주요 이데올로기 구실을 하고 있다.

민족주의의 또 다른 핵심은 다른 나라들의 이익에 맞서 '민족의 공동 이익', 즉 '국익'을 증진시켜야 한다는 것이다. 그래서 황우석 연구에 대해 윤리적·과학적 의문을 제기하는 것은 '국익'에 어긋나고, 어쩌면 "미 제국주의의 음모"(《자주민보》)에 놀아나는 꼴밖에 안 된다.

이것은 각국 자본가 계급이 서로 경쟁한다는 사실을 반영한다. 그러나 이것은 만국의 노동자들에게 너무도 필요한 국제 연대와 단결에 어긋난다.

이 지점에서 억압자 강대국의 민족주의(특별히 이 경우 국가주의라고도 번역되곤 한다)와 피억압 약소국의 민족주의를 구별할 필요가 있다.

후자는 억압에 대한 반발에 불가피하게 수반하는 현상이고, 진보적인 내용이 있다. 물론 근소한 진보성이지만 말이다. 그러나 억압국의 민족주의는 전적으로 반동적이다. 조지 부시, 고이즈미, 후진타오, 푸틴 같은 지배자들, 보수 정당들, 나치 등의 무기다.

남한은 과거엔 피억압 국가였다가 이제는 (미국 덕분에 '많이 커서') 소억압국 — '짱' 밑의 다른 '일진' — 의 지위로 올라섰다. 그래서 이제 태극기는 3·1운동과 6·10만세운동 참가자, 그리고 일제로부터의 해방을 기념하는 할머니 세대의 손에서 휘날리는 것이 아니라 아프가니스탄·이라크 등지의 미군 점령을 돕고 있는 한국군 부대의 점호 때 휘날리는 깃발이 됐다. 이제 태극기는 국민 대중이 아니라 지배계급의 국기다.

물론 노무현과 열린우리당 국회의원의 3분의 1을 차지하는 사회운동 출신 정치인들은 1천5백만 임금노동자의 다수와 그 가족들이 애국자이고 그들은 내년 월드컵 경기 때 '붉은악마'와 함께 태극기를 흔들 것이라고 자신할 것이다.

하지만 이는 아주 오래 전에 마르크스가 인정한 사실, 즉 유력한 사상은 지배계급의 사상이라는 점을 입증하는 것일 뿐이다. 기업

CEO, 정치인, 언론인 등은 민족주의 사상을 나날이 갖가지 방법으로 강화한다. 그래서 민족의 일원 됨, 민족 문화, 민족 전통, 민족 정체성, 민족 '공동체' 등의 사상은 '상식'으로들 통한다.

상식적으로, 우리는 '한국인'이고 다른 사람들은 '외국인'이다. 국제 스포츠 경기는 물론이거니와 황우석 연구 같은 과학 프로젝트, 그리고 외국 공항을 빠져나오자마자 눈에 띄는 삼성·현대·포스코·엘지 등의 기업 홍보간판을 보고 뿌듯한 마음을 느끼는 것은 당연하다. 피는 사상보다도 진하다('태극기 휘날리며'의 핵심 사상). … 등등.

좀더 엄숙한 설교는 자신의 조국을 위해 죽는 것이야말로 가장 고귀한 희생이라는 것이다. 독립군을 기억하라. 이런 식으로 한 나라의 노동자들이 다른 나라의 노동자들을 죽이라고 전쟁터로 보내진다.

〈자주민보〉 같은 좌파 민족주의 매체들은 이러한 유력한 사상을 강화하는 구실을 한다. 좌파가 노무현이나 정동영, 자이툰, 강제규 등으로부터 민족주의의 깃발을 뺏어와 진보적 목적을 위해 사용할 수 있다는 생각은 성차별 사상이나 인종차별 사상을 그렇게 할 수 있다고 생각하는 것 못지 않은 착각이다.

그러나 민족주의는 노동계급을 지배계급의 우선순위에 묶어놓는 심리 책략에 지나지 않는 게 아니다.(민족주의를 추상적으로 비판하는 초좌파들 사이에서는 민족주의를 그 지도자들의 무슨 음모쯤으로 여기는 암묵적 경향이 있다.)

민족주의는 인간 사회의 편제 방식을 반영한다. 우리는 민족들로 나뉜 세계에 살고 있다. 우리를 지배하는 계급들은 민족에 따라 조직돼 있다. 산업체들은 다국적기업일지라도 특정한 나라에 근거지를 두고 있고, 자기네 이윤의 보호를 '본국'의 국가에 의존한다.

하지만 이것은 그림의 한 쪽일 뿐이다. 우리는 나날이 '좁아지는' 세계에 살고 있다. 사람들은 전례 없는 규모로 세계를 가로질러 이동하고 있다. 그에 따라 '단일민족' 신화는 사라지고 날이 갈수록 서로 다른 민족 출신자들이 섞여 살게 되고 있다.

정보통신기술의 발달 덕분에 우리는 세계의 다른 곳을 들여다볼 수 있게 됐다. 우리는 모든 곳의 노동자들이 비슷한 문제들을 안고 살아가고 있음을 본다. 똑같은 로고나 상표명의 옷을 입고 똑같은 음악을 듣는 우리는 서로 비슷비슷해 보인다. 지배계급들도 마찬가지다. 똑같은 고급승용차를 타고 아르마니 양복 같은 똑같은 고급 양복을 입고, 똑같이 기생충 같은 라이프스타일을 살고 있는 그들은 서로 비슷비슷해 보인다.

그래서 노동자들의 머리 속에서는 두 가지 서로 전혀 다른 인력(引力)이 작용한다. 하나는 민족주의 사상에 순응하라는 압력이고, 다른 하나는 세계 다른 모든 곳의 노동자들과 일체감을 느끼는 경향이다. 보통 때 이 두 사상은 동시에 공존한다(그람시가 말한 '모순된 의식'). 이것은 정지 상태가 아니다. 노동자들은 어느 한 쪽으로 끌릴 수 있다.

제국주의의 압제를 겪은 나라가 아니더라도, 경제가 붕괴하다시피 해 대중의 삶이 망가지고 일부 정치인들이 의식적으로 민족주의 데마고기를 하면 노동자들이 민족주의 쪽으로 끌릴 수 있다.

그러나 마르크스주의적 국제주의자들이 실질적 규모로 존재해 이에 맞설 수 있다면 민족주의로 끌리는 힘을 상당히 또는 대부분 상쇄시킬 수 있다. 우리는 그런 좌파가 돼야 한다.

제국주의와 민족해방

1. 제국주의

1840년경 마르크스가 혁명적 사회주의자가 되었을 때, 자본주의는 주로 영국과 지금의 베네룩스 3국(벨기에, 네덜란드, 룩셈부르크)에 한정되어 있었다. 1916년, 제1차세계대전의 광기 속에서 레닌은 《제국주의 ─ 자본주의의 최고 단계》를 저술했다. 마르크스가 죽은 뒤 자본주의는 그 촉수를 전세계에 뻗쳤다. 그것은 본질적으로 세계경제가 되었다. 지금까지 세계의 공장이었던 영국은 그 경쟁자들 ─ 특히 독일과 미국 ─ 에 뒤지면서 장기간에 걸친 쇠퇴의 길로 들어섰다.

그 밖의 측면에서도 사태는 극적으로 변하였다. 마르크스가 《자

이 글은 1990년 가을에 쓰여졌고, 국제사회주의자들(IS)이 1994년에 소책자로 발간했다.

본》에서 제시했던 자본주의의 전형은 소규모에다 대체로 가족 소유 생산단위에 기초를 둔 것이었다. 그 중심은 섬유 산업이었다. 주기적인 공황은 더 취약하고 덜 효율적인 공장들을 강타하여 궁지로 몰아 넣곤 했다. 그들의 경쟁자들은 더 넓은 시장을 장악함으로써, 그리고 파산한 경쟁자들로부터 기계를 사들여 거의 비용을 들이지 않고 생산성을 높임으로써 이윤을 회복할 수 있었다. 레닌이《제국주의》를 저술할 당시, 자본주의는 철강과 중공업 같은 새로운 산업의 거대독점체에 의해 지배되고 있었다.

1870년대와 1880년대에 자본주의를 강타했던 불황기 동안 미국의 벼락부자들 — 어느 누구보다도 카네기, 록펠러, 모건 — 은 경쟁회사들을 최저 가격으로 사들였다. 미국철강회사 같은 새로운 거대기업들은 거의 독점적인 위치를 차지하여 시장을 지배하였다. 독일에서도 산업을 대대적으로 재구성한, 파산과 합병의 물결이 일었다. 주요 카르텔과 트러스트가 양국 경제를 지배했다. 그들로 하여금 경쟁자들보다 더 비싼 값을 매길 수 있게 해주었던 재구성과 신기술의 채택, 그리고 이들 독점체의 지배적인 위치는 급속한 경제 팽창을 보장해 주었다. 1890년에서 1907년 사이에 생산량은 두 배로 증가하였다.

영국 자본주의는 뒤처져 있었으나, 세계의 지배적인 자본이었다는 이전의 지위 덕분에, 공황에서 벗어나는 또 다른 탈출구를 발견하였다. 왜냐하면 영국 자본주의는 직접적으로 식민지 확장을 통해서든, 간접적으로 번영기에 만들어 낸 무역망을 통해서든, 지구의 방대한 지역을 지배했기 때문이다. 영국 제국주의 권력은 값싼 노동력과 원료로 좋은 수익을 보장해 주는 새로운 투자 지역과 안전한 시장을 확보해 주었다. 1871년 영국의 해외투자는 8억 파운드에 달했다. 1913년에는 그것은 35억 파운드라는 어마어마한 액수에 달했다. 영국은 경쟁자들과는 달리 파산과 합병을 통한 대대적인 산업 재구성 없이도 다시 안정을 이룩하였다.

그러나 그 두 가지 탈피 수단은 균형을 잃게 되었다. 이미 경쟁 자본들이 국제적인 규모로 경쟁하고 있었다. 독일과 미국에서 지속적인 자본 투자 증대, 즉 새로운 개선된 생산수단의 계속적인 증가는 이윤율에 타격을 주기 시작했다. 영국식 '해결책'이 점점 관심을 끌게 되었다. 1890년대 이후 두 열강은 영국의 길을 따르기 시작했다. 독일은 중부와 동부 유럽을 지배하기 시작했으며, 아프리카의 아직 식민지가 되지 않고 남아 있던 지역을 장악하였고, 몰락해 가는 터키 제국과 동맹하여 중동 지방에 대한 지배권을 획득하려 했다. 미국은 스페인과 전쟁을 시작하여 쿠바에 대한 통제권을 장악하고, 필리핀 군도를 집어삼켰으며, 라틴아메리카에서도 지배권을 획득했다.

이러한 움직임들로 말미암아 독일과 미국은 영국과 프랑스와 벨기에(당시에 일어나고 있던 일본 자본주의는 말할 것도 없고) 같은 다른 제국주의 세력과 직접 충돌하게 되었다. 영국은 이러한 경쟁에 직면하여 뒤늦게 자본의 재구성과 집중으로 전환하였다. 20세기의 처음 10년 동안 주요 합병회사 ― 특히 은행업에서 ― 와 새로운 생산수단의 채택이 나타났다. 그러나 어디에서든 자본비용이 증가함에 따라 이윤이 압박을 받았으며, 영국의 제국주의 지배조차 그것을 상쇄시킬 수 없었다.

레닌의 《제국주의 — 자본주의의 최고 단계》는 제1차세계대전이 서로 경쟁하는 왕실주변 인사들의 음모나 무기 제조업자들의 책동 때문에 일어난 우발적인 사건이 결코 아니라 자본주의의 동학에서 비롯된 것이라는 점을 쉽게 설명하기 위해 씌어졌다. 특히, 레닌은 그가 제국주의라 부른 것 또는 다른 마르크스주의자들이 "독점 자본주의"나 "금융 자본주의"라 부른 것이 어떻게 전쟁을 낳는지를 보여준다.

전쟁은 자본주의의 주된 특징이 되었다. 제국주의 경쟁국들의 공존은 주기적인 무력충돌을 가져오고야 말았다. 경쟁은 세계적인 차원에서 진행되었으며, 경쟁 열강들은 다른 열강들을 희생시켜 자신의 세력권을 넓히려고 항상 애썼다. 레닌은 다음과 같이 설명했다. "자본가들은 개인적인 적의 때문에 세계를 분할하는 것이 아니다. 그들이 다다른 집중도 때문에 그들은 이윤을 얻기 위해서 이 방법을 쓰지 않을 수 없는 것이다."

레닌은 이 모든 것의 주된 요인을 독점자본의 등장과 산업에 대한 은행의 지배(금융자본)로써 설명했다. 독점·금융 자본은 이제 자기들에게 새로운 투자재원을 의존하고 있는 산업보다 더 높은 독점도에 도달했다. 금융자본은 수익성 있는 새로운 투자지역을 필요로 했으며, 그리하여 오늘날 우리가 제3세계라 부르는 지역을 분할하려고 기를 쓰기 시작했다. 그들 가운데 영국, 프랑스, 독일, 미국은 낮은 비용의 노동력과 원료를 이용하기 위해 자본 수출을 통하여 세계를 지배했다. 레닌이 지적했듯이, 이 네 열강은 "세계 금융의 거의 80%를 시배했다. 그래서, 이러저러한 방식으로, 전세계는 이 네 국제 은

행가 국가들의 채무자나 봉신의 처지와 크게 다를 바 없게 되었다."

체제에 내면화된 불안정성과 갈등에 대한 레닌의 강조는 그 당시의 지도적인 "마르크스주의자"인 오스트리아계 독일인 칼 카우츠키와 뚜렷이 대비되었다. 카우츠키는 독점 자본주의의 발전이 초제국주의라는 새로운 시대를 열었으며 이 시대에 이러한 열강들은 통합하여 경쟁을 폐지하고 단일한, 일종의 세계 트러스트를 이루게 될 것이라고 주장하였다. 그러므로 전쟁은 독점자본에게 이익이 되지 않는 일종의 탈선이라는 것이다.

볼셰비키 이론가 부하린은 더욱 일반적인 제국주의론을 발전시켰는데, 레닌은 그것을 환영했으며 찬성하여 인용하였다. 부하린의 모형에 따르면, 산업자본은 각 국민국가와 점점 더 얽히게 된다. 이 때문에 이들 국가자본 사이의 경쟁이 세계적인 차원에서 첨예화한다. 경제적인 경쟁은 경쟁 자본가의 자원을 장악하고 더 넓은 바탕 위에서 생산을 개조하기 위한 군사적인 충돌로 바뀌었다. 이제 부하린은 서로 싸우는 국가독점자본주의들에 의해 지배되는 세계경제체제라는 이론모형을 만든 것이다. 그와 레닌은 마르크스가 《자본》에서 제시한 모델을 넘어서 나아가는 시대를 비추어 볼 도구를 마련한 것이다. 그러나 이 세 사람 모두의 이론모형에서 여전히 핵심적인 것으로 남아 있는 것은 자본주의의 중심 동력이다. 즉, 자본가들로 하여금 축적, 즉 그들의 이윤을 생산 확대에 재투자하지 않을 수 없게 만드는 자본가 사이의 경쟁이 그것이다. 자본은 자신의 생산수단을 확대하기 위해서 경쟁 기업들을 궁지로 몰아넣는 것에서 시작해, 독점의 형성과 세계의 식민지화를 거쳐, 독점체들 사이의 경제적 경쟁의 결과로서 경쟁 국가들끼리 군사적 충돌을 일으키는 데까지 이르렀다.

레닌의 제국주의론에서는 그밖에도 한 가지가 여전히 중심적인 것으로 남아 있다. 그것은 헝가리인 마르크스주의자인 죄르지 루카치가 "혁명의 현실성"이라 불렀던 것이다. 레닌의 책은 하나의 목적을 위해 쓰여졌다. 그것은 제국주의의 대량살육에서 벗어나는 유일한 길은 노동자 혁명뿐임을 보여 주는 것이었다. 그는 카우츠키에 반대하여 자본주의는 이미 사회주의를 위한 경제적 토대를 창출했다는 것과, 체제 그 자체는 "전쟁과 혁명의 시기"로 접어들었다는 것을 입증하려고 했다. 선진국에서는 강력한 노동자 계급이 부르주아지와 맞서고 있었다. 식민지에서는 민족해방 투쟁이 제국주의와 맞서고 있었다. 식민지에서 벌어지고 있던 갈등은 선진 공업국 노동자들에게 큰 힘이 되었다.

이 모든 것의 결과는 예정되어 있지 않았다. 레닌이 《제국주의》를 쓰고 있던 시기 내내 서부전선과 동부전선에서는 선택은 이미 명확했다 — 사회주의냐 야만주의냐, 즉 노동자 혁명이냐 참호 속에서 살육당하느냐. 그리고 레닌은 노동자 운동에 경종을 울리기도 했다. 개량주의 지도자들과 노동조합 관료들은 "전쟁 노력"을 지지하여 그들의 성원을 몇천 명씩이나 전쟁터로 보내어 죽게 했다. 레닌이 말했듯이, 이들 "자본의 노동 보좌관"은 제국주의의 지주(支柱) — 자기 나라 자본주의를 지지하고 노동자들의 국제적 투쟁을 억지하는 데 이바지하는 — 로서 행동했다. 그는 다음과 같이 썼다. "제국주의에 맞서는 투쟁은 기회주의에 맞서는 투쟁과 뗄래야 뗄 수 없이 결합되어 있지 않은 한, 사기·협잡이다."

2. 서방 제국주의와 동방 제국주의

오래된 편견은 심지어는 좌익 사이에서도 좀처럼 사라지지 않는다. 그래서 소련 제국주의 따위는 있을 수 없다고 주장하는 사회주의자들이 아직도 절대 다수이다.

그들은 보통 다음과 같은 말들을 한다. 레닌이 말했듯이, 제국주의는 단순히 한 국가에 의한 다른 국가의 단순한 정복이 아니라 독점 자본주의와 연관된 특수한 현상이다. 즉, 금융자본이 경제를 지배하며, 금융자본의 해외투자 추구로 말미암아 주요 제국주의 국가들은 "세계를 분할하고 재분할"한다. 소련에는 어떠한 금융자본(사실 어떤 종류의 자본가도 없다!)도 없으며, 따라서 소련은 제국주의일 수가 없다. 증명 끝.

한 가지 점만 들어도 이 주장을 반박하기는 쉽다. 어떠한 마르크스주의자도 자본주의의 독점 단계와 금융자본의 지배가 이루어졌을 때에만 제국주의가 도래했다고 주장하지 않았다. 자본주의의 독점 단계는 1890년대가 되어서야 비로소 시작되었는데도 마르크스는 이미 1850년대와 1860년대에 '영국 제국주의와 인도'에 관해 글을 쓴 바 있다.

그러나 그 주장은 그 이상으로 근본적으로 잘못되었다. 단지 논리 그 자체에서뿐 아니라 동구는 물론 서구 열강들의 행동의 기초가 되는 본질적인 추진력을 이해하지 못한다는 점에서도 그렇다. 소련이 제국주의라는 사실을 부인하는 사람들은 북경을 겨냥하고 있는 핵미사일과 우수리 강을 따라 서로 마주보고 있는 수백만의 소련군

및 중국군 병사를 단순한 역사적 우연으로 환원시킨다.

레닌과 그의 동지 볼셰비키인 부하린이 1915년과 1916년에 발전시킨 제국주의론의 핵심은 무엇인가? 그것은 제1차세계대전이 조정 주변 반동모리배들의 음모나 지배계급 가운데 소수 무기제조업자들의 압력과 관련된 우연한 사건이 아님을 입증하는 것이었다. 그것은 그 전쟁이 양편의 전체 지배계급의 내부 동력에서 비롯되었다는 것을 보여주는 것이었다. 레닌은 이렇게 썼다. " 이 소책자에서는 1914~18년의 전쟁에서 양편이 다 제국주의적(즉, 합병적이며 약탈적이고 강탈적인) 전쟁이며, 세계의 분할, 즉 식민지 또는 금융자본 세력권의 분할 및 재분할을 위한 전쟁이라는 점을 입증할 것이다."

요컨대, 세계 자본주의는 주기적인 전쟁 없이는 경쟁하는 지배계급들이 공존할 수 없는 단계에 이르렀다는 것이다. "평화적인 동맹은 전쟁을 위한 터전을 닦으며, 전쟁은 평화적 동맹을 싹틔운다. 하나는 다른 하나의 조건이 되어 똑같은 기초 위에서, 즉 세계경제와 세계정치의 제국주의적 연관과 상호관계라는 바탕 위에서 평화적인 투쟁과 비평화적인 투쟁이 번갈아가며 전개되게 되는 것이다."

자본주의는 세계를 "분할하고 재분할"하려 애쓰지 않고는 더 이상 생존할 수 없었다. 왜냐하면, 레닌과 부하린이 설명했듯이, 생산의 집중 규모가 하도 커진 나머지 좁은 일국 국경 안에서는 더 이상 그것을 담을 수 없었기 때문이다. 레닌은 다음과 같이 말했다. "자본가들이 세계를 분할하는 것은 개인적인 적의 때문이 아니다. 도달된 집중도가 그들로 하여금 이윤을 얻으려면 이 방법을 채택하지 않으며 안 되게 만들기 때문이다."

이런 일이 어떻게 일어났는지에 대해 레닌은 금융자본(은행들)이 핵심적 역할을 수행한 것으로 설명한다. 은행들은 산업보다 더 높은 독점도에 이르렀으며 산업자본을 자기들이 필요로 하는 바에 매우 크게 종속시켰다. 그들의 필요는 금융 투자를 위한 새로운 출구를 찾음으로써 이윤율을 높이는 것이었다. 바로 이 때문에 지금은 "제3세계"로 불리우는 나라들을 식민지로 분할하려는 투쟁이 일어났다.

부하린은 레닌의 이론(부하린의 제국주의론에 대한 레닌의 언급들은 레닌이 부하린과 결코 큰 불일치를 보이지 않았음을 보여준다)보다 더 일반적인 이론을 발전시켰다. 그는 단지 금융자본에만 초점을 맞춘 것이 아니라 산업자본 역시 군사적 모험을 하지 않을 수 없게 되는 방식에도 초점을 맞추었다. 이것은, 비록 산업체의 소유가 일반적으로 일국에 바탕을 두었다 할지라도 그 활동범위는 점점 더 일국의 국경을 넘어서기 때문이다

일국 자본주의가 국제 경쟁에서 살아남으려면 몇몇 독점체들이 국가와 협력하여 자기들끼리 국민경제를 분할하는 것만으로는 충분치 않았다. 곧, 일국 자본주의는 훨씬 더 넓은 토대 위에서 생산을 조직하는 방법을 찾아내야 했다. 이것을 위해 일국 자본주의는 경제적 경쟁 대신에 군사적인 충돌을 주기적으로 일으킴으로써 타국의 (대소)자본가로부터 자원을 장악할 수 밖에 없었다.

산업 소유의 '국민국가적' 토대('전유')와 자본주의 체제(따라서 생산)의 국제적 성격 사이에 조화가 이루어지지 않았다. 각 국가가 독점체들의 이익을 위해 국민경제를 조정하는 개입을 많이 하면 할수록, 그러한 노력은 세계경제 속의 서로 다른 여러 국민경제들 사이의

조정이 불가능한 상호작용과 그만큼 더 모순되게 된다. 그것은 국민 국가들이 '평화' 동맹에서 전쟁으로 전환함으로써만 극복할 수 있는 모순이다.

1) 서방 제국주의

지난 50년 동안의 서방 자본주의 역사는 '금융자본'에 집중된 레닌의 조금 협소한 모형보다는 부하린의 더 일반화한 모형에 많은 점에서 더 잘 들어맞았다.

1930년대에 산업자본의 방대한 집중이 증가하였다. 이 때는 영·미 기간산업체와 독일 및 일본의 전시경제와 연관된 산업 대기업들의 시기였다. 레닌과 부하린은 제3세계 식민지에 대한 관심을 유지하고 있었으나, 갈수록 그들의 관심을 사로잡은 것은 서로 경쟁하는 자본주의들의 진영 — 보통 유럽 — 에서 이루어지는 산업자본의 집중이었다. 그래서, 예컨대 1930년대와 1940년대 초의 독일 자본주의는 이전에 영국과 프랑스의 영향력 아래 있었던 경제들(오스트리아, 체코슬로바키아, 폴란드, 알사스-로렌 등등)을 자신의 산업 활동 안에 통합하기 위해 계속해서 군사적인 노력을 기울였다.

제2차세계대전이 끝난 뒤 몇 년 만에 산업자본의 영향은 더욱 증대하여 제국주의의 이러한 작용 변화를 더욱더 재촉했다. 이제 주로 세계의 **공업화한** 부분에 눈을 돌리는 서방 자본가들에게 제3세계에 대한 투자의 상대적 중요성은 감소되었다. 서방 각 지배계급은 이웃 자본가 지배계급으로부터 제3세계에 대한 자신들의 지배력을 보호하는 것을 더 이상 생사가 걸린 문제로 생각하지 않았다.

프랑스와 독일은 모로코 통치권을 놓고 더 이상 전쟁으로써 서로를 위협하지 않았다. 일본과 영국은 더 이상 남지나해안과 말레이반도에 대한 통제력 때문에 다투지 않았다. 식민지의 독립이 가능하였다. 왜냐하면 서방 자본가 국가들 사이에서 제3세계의 분할과 재분할은 더 이상 핵심적인 문제가 아니었기 때문이다.

또한 선진국들과 그 주변부에서 새로 공업화한 나라들(브라질, 홍콩, 남한 등) 안에 있는 자원에 대한 통제력 문제도, 비록 이유는 다르지만, 더 이상 서방 국가들끼리 군사적 충돌을 일으키는 동기가 되지 못하게 되었다. 모든 서방 경제들이 성장하고 있었으므로, 일국 자본들은 경쟁자들의 침해에 그리 과민해 할 필요가 없었다. 좋은 재화들이 충분했으며, 따라서 그것들을 빼앗기 위해 서로 싸울 필요가 없었다. 이것은 독일과 일본 자본이 오직 군사적 확장을 통하여 다른 서방 자본들을 희생시킴으로써만 공황의 부담을 전가할 수 있었던 1930년대와 두드러지게 대비되는 점이다.

제국주의의 군사적 측면은 사라지지 않았다. 그러나 호황기에는 제국주의의 군사적 양상은 서로 대항하여 내부로 향하기보다는 오히려 서방 자본들의 동맹을 통해 외부로 향하게 되었다. 문제가 되었던 것은 새로운 국제질서를 완전히 받아들이지 않는 자들에 대항하여 그것을 보호하는 것이었다. 그런 자들이 서방 자본의 영향력이 미치는 약간의 지역을 집어삼키려고 여전히 호시탐탐 노리고 있는 소련이든, 아니면 자국 자원에 대한 통제력을 다시 확보하려고 노력하는 토착 민족해방운동이든 간에 말이다.

서방 열강들은 서로 남의 뒷마당에 침범하는 것을 허용해 주려 하였다.(그 반면에, 1914년과 1939년에는 이런 일은 전쟁을 일으켰다.) 물론 그들은 그들 밖의 다른 어느 누군가가 그렇게 하도록 내버려 둘 용의는 별로 없었다.

거대한 군비지출은 다른 어느 누구도 그것을 감히 엄두조차 내 보지 못하게 했다. 예컨대, 미국은 베트남 전쟁으로써 자기네 세력권 내의 어디에서는 도전하는 자는 반드시 피해를 입게 된다는 것을 증명하려 했다. 위태로웠던 것은 사이공에 있는 미국 은행들의 역할이 아니라, 유럽, 중남미, 남아프리카, 오스트레일리아와 그 밖의 다른 지역에 있는 엄청나게 집중돼 있는 미국인 소유 산업.금융 재산의 장기적인 안전이었다.

2) 동방 제국주의

소련은 어떻게 그런 모습을 보여 왔을까?

만약 제국주의가 각국 지배자들이 기존의 국경선을 넘어서까지 작용하는 생산력을 지배하는 데 쏟는 일련의 확고한 노력들의 총체라면, 소련의 지배자들은 서방 국가의 지배자들만큼이나 제국주의를 실천해 왔다.

스탈린이 1928~29년 제1차 5개년계획을 시작한 이래로 소련 지배자들의 주된 목표는 서방을 "따라잡는" 것이었다. 그들도 알듯이, 소련 자체에 대한 그들의 지배력을 보호해 주는 것은 오직 그것뿐이다. 스탈린 시대의 소련에서 이것은, 임금인하와 삯일로부터 농민을 토지에서 몰아내고 강제 노동을 착취하는 데까지, 서방 자본주의가 공업화를 위해 사용하였던 모든 수단들을 모방하는 것을 뜻했다.

대외정책은 국내정책과 똑같은 압력에 의해 추진되었다. 첫 번째 희생자들은 짜르 제국에 흡수되었으나 1917년 혁명을 통해 자결권을 획득했던 비러시아계 민족들이었다. 서방과 경쟁하면서 공업화의 필요에 그들이 완전히 종속됨에 따라 민족자결권은 완전한 허구가 되었다.

그 다음 차례는 1939년 스탈린에 의해 점령당했으며 서폴란드를 히틀러의 자유재량에 맡긴 거래의 일부로서 소련에 흡수되었던 발트해 연안 국가들과 동폴란드였다. 마지막으로, 1945년 이후에는 프랑스, 이탈리아, 그리스, 그리고 일본과 이탈리아로부터 '해방된' 서방 식민지들을 소련이 서방의 자유재량에 맡긴 답례로 폴란드 전체와 헝가리, 체코슬로바키아, 루마니아, 불가리아, 동독이 소련의 지배 아래 들어가버릴 차례였다. (소련이 제국주의일 리가 없다고 믿는 사람들은 협상의 한 단계에서 스탈린이 지중해의 북아프리카 해안에 있는 이전의 이탈리아 식민지 트리폴리를 소련에게 넘겨 달라고 요구했다는 것도 알아야 한다!)

이 초기의 소련 제국주의는 18세기와 19세기 초의 초기 단계 서구 제국주의와 매우 비슷하였다. 이 시기 소련 제국주의는 소련 경제에 유리하게 다른 나라들을 대대적으로 약탈하였다. 즉, 공장의 철거와 분해, 아무 대가 없이 핵심 자원을 이용하는 합자회사의 지분의 반을 소련에게 내주는 불평등조약의 강제적 체결, 소련의 이익을 위한 상품 가격 조작.(이러한 것들은 유고슬라비아와 중국이 소련과 관계를 단절한 뒤 소련에 대해 퍼부은 비난과, 1956년 폴란드와 헝가리에서 출판된 서적들이 상세히 예증하고 있다.)

그러나 소련 제국주의는 곧 1930년대의 서구 산업 제국주의와 비슷한 것으로 변화하였다. 이제 동유럽 경제들은 어느 정도의 자율성을 얻었으나 그 전반적인 발전 유형은 소련의 대(對)서방 경쟁이 요구하는 바들에 종속된 체제로 운영되고 있다. 그래서 1950년대 초 동유럽 전체의 노동자와 농민들의 생활수준이 소련 군비계획의 중공업 기반 건설을 위해 대폭 하락되기도 했다.

노동자들의 소비에 대한 압력은 1953년과 1956년의 대중봉기 뒤에는 어느 정도 완화되었지만, 공업 산출량 증대 속도만큼 되어 본 적은 단 한 번도 없었고 지금은 다시금 압력을 받고 있다.

한 제국의 질서는 두 가지 바탕 가운데 하나 위에서 안정될 수 있다. 즉, 그 제국에 통합된 인민의 생활조건들을 증진시켜서 그들이 스스로를 지배자들과 동일시하도록 하는 것, 또는 인민들에게 으름장을 놔 복종시킬 목적으로 필요하다면 그들이 조직하고 저항할 수 있는 어떠한 수단도 — 심지어 모국어 같은 것조차 — 허용하지 않는 노골적이기 이를 데 없는 탄압이 그것들이다.

소련의 기본 목표 — 서방과의 경쟁에서 중공업의 확장 — 는 첫 번째 전략을 배제한다. 그래서 두 번째 전략을 사용해야 했다. 이전의 짜르 제국 영토 안에서 그것은 '러시아화'를 뜻했는데, 그 목적은 지방 언어와 문화를 격하시키고 모스크바와 더 쉽게 동화할 수 있는, 러시아아로 말하는 소수민족을 격상시키는 것이었다. 동유럽에서는 그것은 반정부 운동을 분쇄하기 위해 1956년 헝가리에서, 그리고 1968년 체코슬로바키아에서 소련의 무장력을 시범으로 과시하는 것을 뜻했다.

억압은 서방과의 경제적 경쟁이 요구하는 바들에 이질적인 인민집단들을 종속시키기 위해 사용된 아교풀이었다. 그것은 소련 지배계급이 소련 국경을 넘어 확대되며 집중되는 생산력을 통제하기 위한 수단이었다. 소련 제국주의는 소련 국가자본주의의 논리적 귀결이다.

3) 충돌하는 두 제국주의

1950년대와 1960년대 그리고 1970년대에 두 제국주의는 각각 일련의 정권들을 자신의 축적 목표에 종속시켜 통제하는 가운데 서로 참고 존중하면서 성장할 수 있었다. 둘 다 높은 경제성장률을 경험하였는데, 이러한 고도성장은 "피보호 국가"(종속국)들 대부분이 그들의 지배를 묵인하도록 해 주었다. 그래서 소련 탱크가 부다페스트와 프라하를 짓밟았을 때 미국은 팔짱을 끼고 지켜보았으며, 또한 존슨과 닉슨이 하노이에 폭격기를 보냈을 때 소련은 그리 분개하지 않았다. 어느 편에서든 잔혹행위만 없다면 데탕트로 향하는 추세를 멈출 수 없을 것으로 보였다.

1980년대의 상황은 다소 달랐다. 경제공황은 인민들의 불만을 초래했으며, 양측의 지배자들은 이것이 자신들의 패권을 뒤집어엎을까봐 두려워했다. 서방 세력권에서는 앙골라, 모잠비크, 에티오피아, 그리고 이란이 이미 진영에서 이탈했다. 이제 미국 지배계급은 더 가치 있는 재산들이 위협받지 않게 하려면 힘을 보여주어야 한다고 생각했다.

또한, 그들은 그렇게 힘을 과시하지 않을 경우 유럽과 일본의 동맹자들이 앞으로 미국의 경제적 이익을 보호해주지 않는 정책들 — 예컨대 높은 수입관세 부과와 미국 상품에 대한 수입 쿼터 축소 또는 미국의 대외정책들을 지지하지 않는 것 — 을 따르게 될까봐 두려워했다.

이것은 소련에도 매우 잘 적용된다. 소련의 경제공황 현실에 대해서는 더 이상 의심할 수 없다. 소련 공식기관지가 발표한 바에 따르면, 1979년은 1945년 이래 소련 경제 최악의 해였으며 계획 목표의 절반인 단지 2%의 국민경제성장률을 기록했다. 또한 그 보도는 서독의 국민총생산 증가율이 4% 이상이었는데 반해 대부분의 동유럽 경제들은 산업 생산의 정체를 겪었다고 밝혔다.

동유럽의 지배자들은 1960년대 말부터 서방 시장에의 통합을 증대시키고 서방 회사들과의 제휴를 증가시키고 서방 은행 대출에 대한 의존을 증대시킴으로써 경제공황을 피해보려 해왔다. 그러나 이것은 소련 지배계급에게 불안감만 증대시켰을 뿐이다. 왜냐하면, 그들은 그로 말미암아 동유럽에 대한 경제적 통제력을 잃어버릴 위험이 있다고 보았기 때문이다. 이와 동시에, 널리 퍼진 불만에 대한 보도들은 소련 지배자들에게 1956년 부다페스트와 1968년 프라하의 망령들을 상기시켰다. 그래서 그들은 이제 무기를 들고 단단히 준비해 둘 필요를 느꼈다. 폴란드의 연대노조를 야루젤스키더러 공격하라고 부추긴 것을 신호탄으로 동유럽의 "피보호 국가"(종속국)들을 다시 바싹 옥죄기 시작했다.

소련의 지배자들은 소련 주변국들의 노력을 체계적으로 끌어모으지 않고서는 미국과의 경쟁 — 특히 군사경쟁 — 을 유지할 수 없었다. 그러나 그것은 진영을 이반하려는 자들에 대한 시범적 응징을 뜻하는 것이기도 했는데, 그럴 때마다 경제공황은 더욱 악화되었고 그들에게 지배당하는 인민들의 불만은 증대했으며 미국과의 전쟁 게임 가능성을 증대시키곤 했다.

동구와 서구 각국의 지배계급은 동서간의 상호경쟁 때문에 국경을 넘어서까지 확장된 규모로 생산을 조직하지 않을 수 없었다. 그들은 첫째로 국경 밖의 인민들이 이것을 받아들이지 않을 수 없게 만들기 위하여, 둘째로 외국 지배계급이 자신들의 세력권에 개입하지 못하도록 자신의 국가장치의 화력을 증대시켰다. 1980년대 전반을 통틀어 동서 각국 지배계급 사이의 상호작용은 군비지출의 급증을 초래했다.

그러다가 80년대 중반쯤 되자 소련이 서구 군사기술에 필적하는 선진적 무기 생산의 부담을 지탱하는 것은 갈수록 어렵게 되어 버렸다. 그 때까지는, 군비 생산을 위해 그 밖의 경제부문의 자원을 수용하는 방식으로 간신히 버텨올 수 있었다. 그리하여 비군사적 산출품의 질은 형편없이 되어 버렸다.

소련의 지배계급은 미국과의 냉전 체제를 점진적으로 끝내야겠다고 결심하고서 비교적 유화적인 성향의 고르바초프를 앞세워 일련의 대미(對美) 군축회담들을 성사시켰다. 그리하여 경제에 대한 군비 부담을 줄였다. 또 대미 협조 정책을 통해 지역적인 갈등을 줄이고 그럼으로써 친소 민족해방운동이나 정부에 대한 원조비용 부담도 줄였다. 그리하여 미국의 뒷마당 — 중미 — 에 관여하지 않기로 약속했고, 남 아프리카에서 서방 제국주의 열강들이 개혁과 탄압의 병용을 통해 안정화를 추구하는 것을 도와주었다.

이제 소련은 자칫 처신을 잘못하다가는 미국이 그것을 협정을 어기는 빌미로 써먹을까봐, 그래서 소련의 군비 지출에 다시 압박을 가해 올까봐 비할 데 없이 조심스레 행동하고 있고 또 그래야 하는 처지이다.(그래서 올해 1월에는 독일의 재통일을 기정사실로 인정하기까지 했다. 이제는 발트해 연안 국가들에 대한 개입조차도 순조롭지 못할 듯하다.) 이것이 이른바 "신데탕트"의 실상이다.

페르시아 만에서의 살얼음판을 걷는 듯한 위기는 세계가 냉전을 끝내고 "평화"의 시대로 접어들고 있다는 흔해빠진 주장에 대한 강력한 반증이 되어 줄 수 있다.

사실, 그와는 정반대로, "냉전의 종말"은 서방, 특히 미국으로 하여금 비교적 무난히 군사개입을 할 수 있으리라는 믿음을 고무해 왔다. 제국주의의 군사개입은 세계를 정말로 위험에 빠뜨리고 있다.

레닌이 강조했듯이, 제국주의 시대에 '평화'는 새로운 '전쟁과 혁명'의 예고편, 서곡임이 페르시아만 사태를 전쟁으로 몰고가려는 제국주의자들의 광기에 의해 입증되고 있다.

페르시아만의 위기는 또한 우리에게 자본주의의 철폐를 위해 싸우는 가장 중요한 이유들 가운데 하나는 전쟁이라는 무시무시한 현상을 끝장내는 것이라는 점을 상기시킨다.

자본주의는 이윤에 대한 만족할 줄 모르는 추구, 제국주의 경쟁, 상대적 저발전국들에 대한 착취와 억압 그리고 계급 적대들로 말미암아 전쟁 또는 전쟁 위험에서 자유로울 수 없다.

오직 국제 사회주의 혁명만이 인류를 단결시켜서 자본가 국가들의 대량학살 행위를 끝장낼 수 있다.

하지만 사회주의자는 전쟁과 자본주의에 대한 그러한 일반적인 비난에 머무를 수는 없다.

우리는 평화주의자가 아니다. 우리는 억눌린 사람들이 자기들을 억누르는 사람들의 폭력에서 자주적으로 해방되기 위해 폭력을 사용할 권리도 있고 또 그럴 수밖에 없음을 인정한다.

그리고 양편(또는 관련 당사국들) 모두가 완전히 반동적이었던 전쟁들이 많기는 했지만, 노예제나 봉건제 또는 제국주의 같은 억압적이고 반동적인 구조를 전복하거나 약화시키는 데 도움이 된다는 점에서 진보적인 전쟁들도 역시 있었던 것이다.

그러므로 제1차세계대전처럼 사회주의자가 양편 모두에 똑같이 반대해야 했던 전쟁도 있었던 한편, 미국 내전이나 스페인 내전 또는 베트남 전쟁처럼 사회주의자가 어느 한 편의 승리를 지지해야 할 의무가 있었던 경우도 있었다. 물론, 노동자 계급과 자본가 계급 사이의 전쟁이었던 1871년 파리코뮌이나 1918~21년 러시아 내전에 대해서는 말할 나위도 없었다.

결론을 맺어보자. 세계는 국가자본주의적 제국주의의 위계체계 ― 미·소·독·일·영·불 등이 꼭대기를 차지하는 ― 이고, 우리가 살고 있는 시기는 레닌이 살았던 시기처럼 "전쟁과 혁명의 시대"이지, "냉전의 종식과 평화의 공존"의 시대는 아니다. 평화는 새로운 전쟁과 혁명의 예고일 뿐이다. 세계는 더욱 불안정하고 위험한 상황으로 빠져들 것이다. 그러므로, 인류는 로자 룩셈부르크의 시대처럼 사회주의냐 야만주의냐의 갈림길에 서 있다. 그러므로, 국제 노동자 혁명만이 인류를 파멸의 나락에서 구원할 것이다. 우리의 모든 노력을 혁명적 사회주의 당 건설에 쏟자.

3. 민족 억압과 해방

마르크스주의자들이 노동자 계급의 전세계적인 단결을 위해 활동하는 국제주의자들이라고 해서 그들이 민족 억압에 무관심하다는 뜻은 아니다. 그와는 반대로, 그들은 민족 억압을 가장 맹렬히 반대하는 사람들이다. 예를 들어, 마르크스는 지금처럼 그 당시에도 러시아의 억압을 받았던 폴란드의 독립과 지금처럼 그 당시에도 영국의 억압을 받았던 아일랜드의 독립을 한평생 지지했다.

여기에 모순이 있는 것으로 보일 수도 있다 — **국제주의자가 민족해방을 지지하다니**. 그러나 진정한 문제는 국제적 단결이 어떻게 이루어질 수 있는가 하는 것이다.

첫째로, 마르크스주의자들은 강요된 국제적 단결이 아닌 자발적인 국제적 단결을 찬성하며, 자발적 단결은 분리의 권리를 포함한다. 민족 억압은 억압하는 민족의 노동자 계급과 억압당하는 민족의 노동자 계급 사이에 분열을 일으킨다. 이 분열은 억압하는 민족의 노동자 계급이 억압당하는 민족의 자결권을 위해 싸울 때만 치유될 수 있다.

둘째로, 민족 억압은 한편으로는 억압 민족의 지배계급과 노동자 계급 사이에, 다른 한편으로는 피억압 민족의 지배계급과 노동자 계급 사이에 어떤 이데올로기적인 유대를 맺게 해준다. 이 두 가지 유대는 모두 노동자 계급이 민족 억압에 — 특히 그들 자신의 국가가 자행하는 — 반대할 때 끊어질 수 있다.

그러므로 모든 민족 억압에 대한 반대는 진정한 국제주의의 본질적인 일부이다.

제국주의의 등장으로 말미암아 이 문제는 사회주의 전략에서 핵심적인 것이 되어 버렸다. 19세기 말엽, 몇 안 되는 선진 자본주의 국가들은 아프리카와 아시아와 라틴아메리카의 대부분을 자기들의 식민지나 반식민지로 만들었다. 그 당시 대부분의 유럽 사회주의 운동은 이런 상황 전개를 노골적으로 지지했거나 기껏해야 수동적으로 받아들였다.

레닌은 제국주의가 불가피하게 민족해방 투쟁을 일으킬 것이라고 보았으며, 선진국의 노동자 계급은 제국주의 지배계급에 맞서 민족해방 운동과 동맹을 맺어야 한다고 주장했다.

오늘날 제국주의의 성격은 어느 정도 변했는데, 대부분의 경우에 그 식민지들은 세계 시장의 압력 때문에 경제적으로 계속 착취당하게 돼 있으면서도 형식적인 독립은 획득하게 되었다. 그러나 민족해방 투쟁은 결코 과거지사가 아니다. 중미에 대한 미국의 지배에 맞서는 엘살바도르나 과테말라의 투쟁이든, 팔레스타인 인민의 시온주의에 대항한 전쟁이든, 스탈린주의 소련의 멍에에 대항하는 아제르바이잔과 아르메니아 인민의 저항이든, 민족의 자유를 위한 투쟁은 계속되고 있다.

그리고 이 모든 경우에 마르크스주의자들은 그러한 투쟁을 조건 없이 지지한다.

그러나 '무조건적'이라는 말은 '무비판적'이라는 말과 같지 않다. 또한 민족해방을 지지한다고 해서 그 중요성을 과대평가한다는 것도 아니다. 민족 독립의 성취는 부르주아 민주주의적 과제이지 사회주의적 과제는 아니며, 민족 혁명은 노동자 계급에 의해 지도되지 않는 한, 사회주의 혁명이 아니다.

그때조차도 민족 혁명이 국제 혁명 과정의 한 부분이 되지 않는다면 지탱될 수 없다. 이 점은 1945년 이후 시기에 공산주의자나 사회주의자를 자칭하는 부르주아 세력이나 프티부르주아 세력이 지도한 일련의 민족혁명들이 있어 왔기 때문에 특히 중요하다. 중국·쿠바·베트남·앙골라·모잠비크·짐바브웨가 몇 가지 주된 예들이다.

이 가운데 어느 경우에도 노동자 계급이 진정으로 정권을 잡지 못했는데도 선진국과 제3세계 자체의 많은 좌익들이 노동자 계급의 투쟁 대신에 이러한 반(反)제국주의 운동을 채택해 왔다. 하지만 이러한 태도는 그러한 정권마다 명백한 약속들을 어김에 따라 거듭 환멸을 불러일으켜 왔다.

그러므로 마르크스주의자는 모든 형태의 민족 억압을 반대하며 민족해방 투쟁을 지지하지만, 민족주의자로서가 아니라 국제주의자로서 그렇게 하는 것이다. 그들은 부르주아 민족주의와 융합하거나 부르주아 민족주의의 한계에 대한 비판을 접어두지 않는다.

그 대신에 마르크스주의자는 민족혁명의 지도자이자 국제 노동자 계급의 일부로서의 노동자 계급 ─ 자본주의와 제국주의로부터의 진정한 해방을 가져올 수 있으며 인류를 단결시킬 수 있는 유일한 세력 ─ 을 전면에 부각시키려고 노력한다.

마르크스주의와 민족 문제

1.

우리는 지금 전쟁과 혁명의 시대에 살고 있다. 그런데 이러한 분쟁들에 관여하는 당사들은 계급의 관점이 아니라 민족의 관점에서 자신들의 행동을 정당화하는 것이 보통이다. 단일한 형태로는 가장 중요한 지배 이데올로기라 할 종교를 민족주의가 대체해 온 것이다.

그러나 민족주의에도 여러 유형이 있다. 옛 제국주의 국가들의 민족주의가 있는가 하면, 그 내부에 거주하는 소수민족들의 민족주의도 있다. 예컨대 스코틀랜드 민족주의, 바스크 민족주의 등이 후자의 경우이다. 또한 아일랜드, 남아프리카공화국, 엘살바도르 등지에서처럼 반제 해방 투쟁을 벌이는 사람들의 민족주의가 있는가 하면, 이란에서 그러하듯 입으로는 반(反)제국주의를 외쳐 대면서도 국내적으로는 지독히 억압적인 지배자들의 민족주의도 있다. 또한, 인도

이 글은 국제사회주의자들(IS)이 1996년에 소책자로 발간한 것이다.

의 시크교도처럼 분리독립을 요구하는 사람들의 자치운동 성격의 민족주의도 있다.

이렇듯 혼란스러울 만큼 다양한 민족주의에 대해 혁명적 사회주의 자들은 어떻게 대응해야 하는가? 과거의 좌익들은 이 민족주의 문제에 제대로 대처하지 못함으로써 종종 혹독한 어려움을 겪어야 했다. 마르크스주의는 과연 민족 문제가 제기하는 여러 문제들에 관한 적절한 지침을 제공하고 있는가?

2.

마르크스주의의 이론적 기초는 그 어떠한 민족주의 이데올로기가 갖고 있는 이론적 기초와도 근본적으로 다르다. 마르크스주의의 입장에서 보자면 역사의 원동력은 계급투쟁이다. 따라서 현대 사회의 주된 갈등은 국제 노동자 계급과 국제 자본가 계급 사이의 갈등이며, 민족 분규란 이 계급투쟁에 비하면 부차적인 것으로서, 단지 이 계급투쟁이 취하는 독특한 형태에 지나지 않는다.

《공산당 선언》은 이렇게 선포한다. "노동자에겐 조국이 없다"고. 한편, 세계가 계급으로 나뉘어 있는 게 아니라 민족으로 나뉘어져 있다고 보는 민족주의에서는 사정이 정반대다. 파시즘부터 오늘날 "제3세계"의 여러 정권이 내세우는 '사회주의적' 민족주의에 이르기까지 모든 형태의 민족주의 입장에 선 사람들은 계급투쟁이 민족주의를 크게 위협한다고 여긴다. 계급투쟁이 민족의 통합을 저해할 뿐만 아니라 일부 민족 구성원의 '이기적' 이익을 위해 신성한 '국익'을 희생시키려 한다고 생각하기 때문이다. 그리고 어떤 계급이 '국익'을 위협하는 계급으로 규정되느냐에 따라('독점자본가 계급'이냐, '탐욕스러운 노동자 계급'이냐에 따라), 민족주의는 급진적 형태를 취할 수도 있고 반동적인 형태를 취할 수도 있다. 하지만, 어느 경우든 계급보다 민족을 앞세우는 민족주의 이데올로기임에는 변함이 없다.

마르크스주의는 이론적 기초만 민족주의와 다른 게 아니다. 마르크스주의는 그 혁명 전략 자체가 국제적이다. 마르크스와 엥겔스는 자본주의의 역사적 역할이 각국의 민족 경제를 구성 요소로 삼는 세계 경제 창출에 있다고 생각했다. 따라서 마르크스주의에서는 각국 생산력의 국제화야말로 공산주의 수립을 위한 객관적 전제조건이 된다.

《독일 이데올로기》에 나오는 유명한 구절에서, 마르크스와 엥겔스는 사회주의가 한 나라에서 건설될 수 있다는 명제를 다음과 같이 명백히 부정하고 있다.

(세계적 규모의) 이러한 생산력 발전은 꼭 필요한 실제적 전제이다. 왜냐하면, 그러한 발전이 없으면 결핍이 일반화할 수밖에 없으며, 그와 더불어 필수품들을 얻기 위한 투쟁이 재연되면서 예전의 그 모든 추악한 일들이 필연적으로 다시 나타날 것이기 때문이다.

따라서 사회주의 혁명은 성공하려면 반드시 **국제적**이어야 한다. 1917년 10월 러시아 노동계급을 권좌에 앉힌 볼셰비키가, 소비에트 국가가 살아남으려면 혁명이 반드시 서유럽으로 확산되어야 한다고 보았던 것도 이 점을 깊이 인식했기 때문이다.

따라서 레닌을 비롯한 볼셰비키는 1919년 코민테른 창설에 앞장섰다. 그리고 1920년 제2차 대회에서 채택된 코민테른 규약은 다음과 같이 선언하고 있다.

이 새로운 국제노동자협회의 창립 목적은 자본주의를 타도하고 프롤레 타리아 독재와 국제 소비에트 공화국을 수립함으로써 모든 계급을 완전 히 폐지하고 공산주의 사회의 첫 단계인 사회주의 사회를 실현한다는 단 일한 목표를 추구하는 각국 프롤레타리아 계급의 공동 행동을 조직하는 데 있다.

3.

그렇다면 국제사회주의자들은 여러 민족국가로 나뉘어 있는 이 세 계에 어떻게 대처하고 있는가? 심지어 마르크스주의자를 자처하는 사람들마저도 우리가 이론에서나 실천에서나 민족주의 현상에 제대 로 대처해 오지 못했으며 이 실책이 역사적으로 마르크스주의의 커 다란 약점이라고 주장한다.

마르크스와 엥겔스의 몇몇 저작들에서도 민족 문제를 자본주의 가 더욱 발전하면 사라져버릴 현상으로 여기는 경향이 있음을 확인 할 수 있다. 물론 마르크스와 엥겔스는 민족국가의 형성이 국내 시 장의 창출을 위해 꼭 필요하며 그것 없이는 자본주의가 경제를 지배 할 수 없다고 봤다. 그러나 그들은 《공산당 선언》에서 이렇게 쓰고 있다.

각 민중 사이의 민족적 차별성과 적대감이 부르주아 계급의 발전, 교역의 자유, 세계 시장의 발전, 생산양식의 균일화와 그에 따른 생활 조건의 균일화 때문에 나날이 점점 더 사라져가고 있다.

이러한 생각은 마르크스와 엥겔스의 저작에 나타나는 하나의 경향일 뿐이다. 그런데 제2인터내셔널 기간(1889~1914년)에 정통 마르크스주의의 '교황'으로 추앙받았던 칼 카우츠키(Karl Kautsky)는 이 작은 암시들을 부풀려서 하나의 이론으로 일반화했다. 그의 이론인 즉 자본주의가 세계 체제로서 발전할수록 개별 민족국가들이 설 자리는 점차 좁아지게 되리라는 것이었다. 카우츠키는 1914년 제1차 세계대전 전야에 자본주의 발전의 다음 단계로서 '초제국주의(ultra-imperialism)'라는 개념을 제시하면서, 초제국주의 단계에서는 선진 공업국들이 국제 트러스트를 결성함으로써 자본주의적 세계국가의 터를 닦고, 여러 민족들이 서로 다툴 필요가 없게 만들 것이라고 주장했다.

그러나 실제로 전세계에 걸친 자본주의의 발전은 민족 문제를 약화시켜 온 게 아니라 오히려 더욱 **첨예화시켜** 왔다. 19세기말의 세계 자본주의는 몇몇 선진 자본주의 국가들에 의한 세계 지배라는 **제국주의** 단계로 접어들었다. 그리고 이 제국주의는 민족 문제라는 견지에서 볼 때 몇 가지 중대한 결과를 초래하였다.

첫째, 제국주의는 선진 자본주의 국가들에서 국가자본주의적 경향, 즉 국가와 대자본이 단일한 경제 복합체로 통합되는 경향을 띠었다. 그러한 경향의 결과로서, 서로 경쟁하는 자본들 사이의 갈등이 종종 관련 민족국가들 사이의 대결이라는 양상을 띠게 되었다.

1890년대부터 1940년대까지의 '고전적' 제국주의 시기에는, 서로 자기 나라에 가장 유리하게 영토를 분할하려고 제국주의 열강끼리 벌인 경제적 투쟁이 두 차례의 세계 대전으로 이어졌다.

둘째, 선진국의 국가자본주의화 경향에 발맞추어 선진국 노동자 운동 안에서 개량주의적 노조 관료들이 성장하게 된다. 그들은 자기네 이익과 자본가 국가의 이익이 긴밀하게 맞물려 있다고 여긴다. 그리고 이러한 상황에 힘입어 국익(國益) 이데올로기가 선진국 노동자들을 사로잡게 된다.

셋째, 제국주의 국가의 착취와 억압을 받는 제3세계 '후진국'들의 국제자본주의 체제 편입은 그들 나라에서 대대적인 민족 운동을 유발한다. 이 제3세계 노동자·농민의 반제 봉기는 거의 예외 없이 민족주의라는 형태를 취하고 있다.

마지막으로, 지난 한 세대 동안 몇몇 지역에서 새로운 자본 축적 중심지들이 등장해 왔다. 브라질·남한 등 제3세계 신흥공업국들(NICs)이 바로 그들이다. 이들 나라의 지배계급은 단지 서방 제국주의의 '고객'이나 '매판'에 머무르는 게 아니라 독자적인 이해관계를 지니며, 세계 열강에 맞서, 또 같은 처지의 다른 나라에 맞서 자신의 이익을 지킬 능력도 갖추고 있다. 이 경제적 변화가 '아류제국주의(sub-imperialism)' 신흥공업국들을 출현시켰는데, 이들은 특정 지역에서 지배권을 확보하는 데 힘쓰고 있다. 몇몇 나라의 경우 이렇다 할 경쟁국이 없는 상태인데, 인도나 남아프리카공화국이 바로 그러하다. 또 그리스와 터키 사이의 양국 관계에서 보듯 군사적 경쟁 상태까지 초래하는 경우도 있으며, 이란과 이라크가 그랬듯이 실제로 전쟁에 돌입하는 경우도 종종 있다. 두 차례의 세계 대전을 낳았던 제국주의 사이의 대립 양상이 오늘날 세계 여러 지역에서 소규모로 재연되고 있는 것이다.

국가자본주의화 경향, 선진 자본주의 국가들의 노동자 운동에서 민족주의적 개량주의의 득세, '제3세계'의 민족 해방 투쟁과 아류제 국주의. 이 네 가지 경로를 통해 민족주의는 현대 자본주의 세계를 휩쓸고 있다. 마르크스주의자들은 이 현상에 어떻게 대응해 왔는가?

4.

민족 문제에 대한 가장 중요한 논쟁은 제1차 세계대전 전에 동유 럽과 중부 유럽을 지배하던 두 다민족 대제국 러시아와 오스트리 아-헝가리가 사회주의자들에게 제기한 문제들을 둘러싸고 시작되었 다.

"여러 민족의 감옥소"로서 대러시아인들이 소수 특권층을 이루고 있던 제정 러시아의 경우, 가장 중요한 민족 문제는 폴란드 문제였 다. 18세기에 폴란드는 주변국들(프러시아·러시아·오스트리아)에 의 해 분할되어 있었다. 이 나라의 최대 지역인 폴란드 왕국은 러시아 의 지배를 받고 있었는데, 다른 민족의 지배에 항거하는 일련의 영웅 적 봉기들로 인해 이 나라는 19세기 유럽의 사회주의자들과 급진주 의자들의 눈에 베트남과 같은 존재로 비쳤다. 마르크스와 엥겔스는 폴란드 민족 독립에 각별한 지지를 표명하였다.

폴란드에서 공업이 발전하고 그에 따라 도시에서 노동계급이 출현 하게 되자, 민족 운동의 주도권이 세습 귀족과 부르주아 급진주의자들의 수중에서 사회주의자들의 수중으로 넘어가게 되었다. 하지만 그 과정에서 중요한 정치적 차이점들이 부각되었다.

폴란드사회당(PPS)은 본질적으로 민족주의적인 입장을 채택하여, 민족 독립 투쟁이 최우선이라고 주장했다. 따라서 폴란드 노동자들의 자기 해방을 위한 투쟁은 민중의 민족적 단결을 해칠 우려가 있는 종파적 행동으로 간주되었다. PPS는 또한 1905년 러시아 혁명기에 폴란드 노동자들이 대규모 파업에 참여하는 데 대해서도 반대 입장을 취하기까지 했다.

이러한 입장은 오늘날 제3세계의 여러 민족주의 운동들에서 주장하는 입장과도 놀랄 만큼 유사한데, 예컨대 앙골라민중해방운동(MPLA)의 경우 파업을 금지하는가 하면 "민족 단결"을 해친다는 이유로 사회주의자들을 투옥하고 있다.

PPS의 애국적 사회주의는 로자 룩셈부르크(Rosa Luxemburg)와 레오 요기헤스(Leo Jogiches)가 이끄는 혁명적 사회주의 조직인 폴란드·리투아니아 왕국 사회민주당(SDKPIL)의 도전을 받았다. 룩셈부르크는 PPS의 민족주의가 폴란드와 러시아의 노동자들을 어떻게 위협하고 있는가를 밝히는 데 그치지 않고 한걸음 더 나아가 폴란드의 민족 독립 요구는 시대착오요 반동이라고 주장하였다.

그녀의 주장은 무엇보다도 자신의 박사 학위 논문《폴란드 공업 발전》에서 개진된, 폴란드의 사회 구성에 대한 분석을 바탕으로 한 것이었다. 룩셈부르크는 그 논문에서 러시아와 폴란드 양국의 공업 자본주의 발전이 양국을 통합하는 단일한 경제 조직을 창출하고 있고, 따라서 폴란드 부르주아 계급도 폴란드 노동자 계급도 민족 독립에 아무런 관심을 보이지 않는다고 주장하였다. 전자의 경우는 그들이 러시아 시장에 의존하고 있기 때문에 그러하며, 후자의 경우는 그들과 러시아 노동자들이 공동의 적을 가지고 있기 때문에 그러하다는 것이었다. 따라서, 오로지 PPS의 주된 사회적 기반인 소부르주아만이 민족 독립이라는 유토피아적 꿈을 계속 품고 있을 뿐이라는 것이 그녀의 주장이었다. 룩셈부르크는 자신의 논문을 다음과 같은 결론으로 끝마쳤다.

폴란드와 러시아의 자본주의적 융합은 폴란드 부르주아 계급과 민족주의자들뿐 아니라 러시아 정부까지도 이제껏 피해 온 하나의 최종적 결과를 초래한다. 그것은 바로 장차 러시아 짜리즘의 통치와 폴란드-러시아 자본주의를 땅 속에 묻어버리게 될, 폴란드 프롤레타리아와 러시아 프롤레타리아의 동맹이다.

그 후 룩셈부르크는 폴란드 민족주의에 대한 자신의 비판을 민족 독립이라는 슬로건에 대한 일반적 반대 입장으로까지 발전시켰다. '민족 문제와 자치'라는 제목의 일련의 논문들에서, 룩셈부르크는 자본주의 세계경제의 형성으로 말미암아 민족 독립을 위한 물질적 기초가 파괴되어 왔다고 주장했다. 그녀는 이렇게 결론을 내렸다.

모든 기존 국가들을 민족 단위로 분할하여 그들의 관계를 소규모 민족국가들 간의 관계로 제한하고자 하는 복고적 기도는 가망이 전혀 없는, 역사적으로 반동적인 모험에 불과하다.

한편, 오스트리아-헝가리 제국에서 활동하던 마르크스주의자들은 룩셈부르크와는 아주 다른 입장을 발전시켰다. 이 붕괴 직전의 다민족 국가는 오늘날의 오스트리아·헝가리·체코슬로바키아와 유고슬라비아가 포괄하는 지역의 대부분을 영토로 삼고 있었는데, 지배 민족들(독일 민족과 마자르족)과 여러 피억압 슬라브계 소수민족들 사이의 민족 분규로 분열상을 보이고 있었다. 이러한 갈등이 노동자 운동 자체에 영향을 미쳤던 것이다.

오스트리아 마르크스주의 정당인 오스트리아사회민주당(SPO)을 지도하던 이론가들은 룩셈부르크와 마찬가지로 노동자 운동의 통일성을 유지하는 데 관심을 가지고 있었다. 그러나 그들은 합스부르크 왕국의 분열을 막음으로써 그 목적을 이루려고 했다. 그들은 몇몇 개혁 조치를 통해, 특히 제국 내의 여러 민족 집단들에게 자결권까지 허용하지는 않되 정치·문화적 자치권을 부여함으로써 그 일을 달성할 수 있다고 주장했다. 오스트리아 마르크스주의자들은 유사 절대 왕정인 오스트리아-헝가리 제국의 틀을 적당히 손질함으로써 노동자 운동 내부의 민족적 갈등을 무마하려고 노력했던 것이다.

오스트리아 마르크스주의자들의 입장을 떠받치는 이론적 지주를 제공한 사람은 오스트리아 마르크스주의의 지도적 사상가들 가운데 한 사람인 오토 바우어(Otto Bauer)였다. 그는 《사회민주주의와 민족 문제》에서 민족주의란 무엇보다도 문화적인 현상이라고 설명했다. "민족이란 공동 운명에 의해 하나의 문자 공동체 속에 한데 묶인 사람들의 총체이다." 바우어는 민족 문제 자체를 사회주의의 승리를 통하여 어떻게 참된 문화 공동체를 창출할 수 있느냐의 문제, 즉 자본주의 사회로부터 물려받은 문화를 노동자 계급이 어떻게 인수해야 하느냐는 문제로 받아들였다. 따라서 민족적 억압에 대한 투쟁이라는 정치적 문제는 무시되었다.

이 입장은 합스부르크 왕정과 민족주의적 경향에 양다리를 걸치는 이중적 기회주의를 보여준다. 합스부르크 왕가 자체를 제외하고는 제국 안에서 사회민주당 사람들만이 국제정치의 유일한 요소였다. 평화적 사회·정치 개혁이라는 명분을 앞세워 원심적 민족주의 경향들에 반대하던 그들은 그러한 입장 탓에 객관적으로 보건대 정부와 상당 부분 이해관계를 공유하는 처지에 놓이게 되었다. 아울러, '문화적·민족적 자치권'에 대한 SPO의 지지는 "각 민족에 속한 노동자들이 다른 민족에 속한 노동자들에게 자기들과 동등한 권리를 인정하는 한에서 국제주의는 각 민족 소속 노동자들이 민족주의자가 되는 것을 허용한다"는 이데올로기, 그리하여 오스트리아 각지의 노동자들 사이의 민족적 차이를 더욱 조장해 프롤레타리아 계급의 정치적 통일성을 해칠 수밖에 없는 이데올로기와 잘 어울리는 것이었다. 제1차 세계대전 발발에 이르기까지 SPO가 왕정을 지지하던 시기에 오스트리아-헝가리 제국에서는 체코사회민주당과 독일사회민주당 그리고 여러 노조 운동단체들이 따로따로 활동하고 있었다.

5.

민족 문제에 대한 논쟁은 제1차 세계대전의 발발로 더욱 첨예화되었다. 전쟁의 충격으로 제2인터내셔널이 와해되면서 민족 문제를 놓고 근본적으로 입장을 달리하는 두 진영이 날카롭게 대립하게 되었다.

　한편에는 독일사회민주당의 노스케(Noske), 에베르트(Ebert), 샤이데만(Scheidemann) 같은 노골적인 애국사회주의자들이 있었는데, 그들은 독일 지배계급의 민족주의를 공공연히 지지했다. 또, 다른 한편에는 제국주의 전쟁에 단호하게 반대함과 동시에 민족 독립이라는 슬로건을 역사적 반동으로 여겨 거부한 로자 룩셈부르크를 따르는 급진 좌익들이 있었다. 이 그룹에는 전쟁이 터지기 전부터 바우어의 입장에 반대해 왔을 뿐 아니라 1918년 이후 헤르만 고르터(Hermann Gorter)와 함께 독일 '좌익'[옮긴이 — 초좌익] 공산주의의 지도자가 된 요세프 슈트라써(Josef Strasser), 안톤 파네쿡(Anton Pannekoek) 같은 사람들과 부하린, 빠따코프(Piatakov) 같은 볼셰비키들이 포함되어 있다.(여기서 우리는 룩셈부르크가 민족 문제 이외의 문제들에 관한 한 '좌익' 공산주의자가 아니었다는 사실을 강조하지 않을 수 없다.)

　레닌은 앞의 입장들과 근본적으로 다른 입장을 채택했다. 그는 민족자결권에 대한 요구를 지지하되 반제 투쟁의 일부로서만 그것을 지지했다.

　레닌이 그런 입장을 취했던 것은 무엇보다도, 제국주의 국가들의 노동자들이 피억압 민족들의 분리권을 포함한 자결권을 지지하도록 만드는 것이야말로 그들의 마음 속 깊이 배어 있는 애국사회주의와 국수주의 사상을 타파하기 위한 필수불가결한 전제 조건이라고 확신했기 때문이다. 레닌은 이렇게 말했다.

억압민족의 노동자들에게 국제주의를 교육할 때는, 피억압 국가들의 분리 자유를 옹호하고 그것을 위해 투쟁할 것을 강조하지 않으면 안 된다.

이 주장은 본질적으로 제1인터내셔널이 아일랜드의 독립을 지지하도록 하기 위해 마르크스가 제시했던 근거들을 일반화한 것이다. 마르크스는 1870년 이렇게 썼다.

오늘날 영국의 모든 상공업 중심지들에서는 노동계급이 두 개의 서로 적대하는 진영으로 분열되어 있다. 영국 프롤레타리아들과 아일랜드 프롤레타리아들로 나뉘어 있는 것이다. 보통의 영국 노동자는 아일랜드 노동자를 증오한다. 자기 생활 수준을 깎아내리는 경쟁자로 여기기 때문이다. 영국 노동자는 아일랜드 노동자들을 대할 때 자신이 지배 민족의 일원인 양 생각함으로써 스스로를 아일랜드를 탄압하는 영국 귀족들과 자본가들의 도구로 전락시킨다. 그리하여 자신에 대한 그들의 지배를 더욱 강화시킨다. 그는 아일랜드 노동자에 대해 종교적·사회적·민족적 편견을 품고 있다. 아일랜드 노동자를 대하는 그의 태도는 예전에 노예를 부렸던 미국의 주(州)들에서 "가난뱅이" 백인들이 "깜둥이들"을 대하던 태도와 조금도 다를 바가 없다. 사정이 그러하다 보니 아일랜드 노동자도 영국 노동자에게 이자까지 붙여서 앙갚음한다. 그는 영국 노동자만 봤다 하면 저 녀석도 '영국의 아일랜드 지배의 공모자요 어리석은 도구겠거니' 생각한다.

이 적대감은 언론과 설교와 만화 등에 의해서, 요컨대 지배계급들이 쓸 수 있는 모든 수단을 통해서 계속 유지되고 증폭된다. 이 적대감이야말로 영국의 노동계급이 조직을 갖추고 있으면서도 왜 그리 무기력한지를 설명해 주는 열쇠다. 그것이야말로 영국의 자본가 계급이 자신의 권력을 유지하는 비결이다. 그리고 영국의 자본가 계급은 이 점을 아주 잘 알고 있다.

따라서 영국의 사회주의자들은 영국 자체의 노동계급을 통일시키기 위한 투쟁의 일부로서 아일랜드의 독립을 지지해야 한다고 마르크스는 말했다. 그로부터 50년 후, 마르크스가 영국의 상황을 보면서 분석한 노동자들의 분열이 제국주의 탓에 전세계적인 현상으로 번지자, 레닌은 마르크스의 주장을 확장하여 피억압 민족들의 자결권에 대한 일반적 옹호로 발전시켰다.

그러나 민족 자결권에 대한 지지는 선진 자본주의 국가들에서 애국사회주의와 투쟁하기 위한 수단이라는 의미만을 갖는 것은 아니었다. 레닌은 이 입장이 식민지 대중의 반제 투쟁을 고취한다는 그의 전략의 일부라고 보았다.

바로 이 점에서 레닌의 입장은 과거의 입장들과 근본적으로 달랐다. 제2인터내셔널에서 논쟁이 진행되는 동안, 민족 문제는 본질적으로 유럽의 문제로 취급되었다. 식민지 문제는 완전히 별개의 문제로 다루어졌는데, 제2인터내셔널 내부에는 선진 자본주의 국가들에서 사회주의가 승리를 거둔 후에도 아프리카·아시아·라틴 아메리카의 "야만인들"을 "문명"의 수준으로 끌어올리기 위한 그 선진 자본주의 국가들(이제는 사회주의가 된)의 식민 제국 지배가 계속될 것이라고 주장하는 사람들도 있었다.

레닌 이후, 모든 것이 일변하였다. 러시아 혁명 자체가 독일이나 영국의 노동자들이 그들 나라 자본가들을 타도하기 전에 비교적 후진적인 국가에서 노동계급이 권력을 장악할 수 있음을 입증함으로써 제2인터내셔널의 이론가들이 주조해 낸 점진주의적 계획을 뒤흔들어 놓았다. 레닌에겐 식민지의 대중이 더 이상 골칫거리가 아니었다. 오히려 자본주의와 제국주의에 대항하는 투쟁을 위해 전취되어야 할 세력이었다. 민족 문제는 반제 투쟁과 뗄래야 뗄 수 없게 결합되었다. 제3인터내셔널(코민테른) 제2차 대회에서는 '민족 문제와 식민지 문제'라는 주제를 놓고 논쟁이 벌어졌다. 트로츠키는 이렇게 말했다. "민족 문제와 관계된 볼셰비즘의 특징은 피억압 민족들을 대하는 태도에서 잘 드러난다. 볼셰비즘은 가장 후진적인 민족들도 정치의 대상일 뿐 아니라 정치의 주체이기도 하다고 보기 때문이다."

민족 투쟁은 계급투쟁의 길에서 벗어나는 것이라고 생각하던 혁명가들에 반대하여, (1916년 더블린에서 부활절 봉기가 일어났을 때) 레닌은 이렇게 말했다.

식민지와 유럽의 약소 민족들의 반란 없이도, 편견 투성이인 소부르주아지 일부의 혁명적 봉기 없이도, 정치적으로 각성하지 못한 프롤레타리아 및 반프롤레타리아 대중의 지주와 교회와 왕정과 민족적 압제에 대항하는 운동 없이도 사회 혁명이 가능하다고 생각하는 것, 이 모든 생각은 **사회 혁명**을 거부하는 것이나 마찬가지다. 그것은 한 쪽 군대가 한 곳에 정렬하여 "우리는 사회주의 편이다"라고 말하고 다른 쪽 군대가 다른 곳에 정렬하여 "우리는 제국주의 편이다"라고 말하는 것을 사회 혁명이라고 생각하는 것이나 다를 바 없다. '순수한' 사회 혁명을 기대하는 사람은 그 누구도 생전에 그것을 결코 보지 못할 것이다.

레닌의 이 말은, 제국주의 시대에는 강력한 사회 봉기들이 민족주의적 형태를 띠면서 반자본주의적 방향으로 발전하는 일이 자주 일어나리라는 것을 암시하고 있다.

그러나 앞에서 말한 레닌의 입장에는 민족주의 이데올로기와 타협한다는 생각 따위는 눈꼽만큼도 들어 있지 않았다. 그는 민족자결권에 대한 지지를 국제 노동계급의 단결을 창출하는 수단으로 보았지, 그것을 파괴하는 수단으로 본 것이 결코 아니었기 때문이다.

따라서 레닌은 억압민족의 혁명가들의 임무와 피억압민족의 혁명가들의 임무를 조심스럽게 구별했다. 전자의 경우 주된 적은 억압민족의 민족주의이며, 따라서 사회주의자들은 노동자 운동에 배어든 국수주의를 불식시킴과 동시에 국제주의를 실천으로 입증하기 위해 민족자결권 지지 투쟁을 전개해야 한다. 한편, 피억압민족 혁명가들은 제국주의에 대한 단호한 반대와 국제 노동계급의 단결에 대한 분명한 지지를 결합시키지 않으면 안 된다. 아울러, 계급투쟁을 민족투쟁에 종속시키려 드는 부르주아 민족주의자들에 맞서 사상투쟁과 정치투쟁을 벌여야 하며, 때때로 자결권의 행사 자체에 대해서도 반대하지 않으면 안 된다.

이러한 관점에서 볼 때, 폴란드의 민족 독립에 관한 룩셈부르크의 입장은 잘못된 것이라기보다는 일면적인 것이었다고 할 수 있다. 그녀가 폴란드의 한 혁명가로서 PPS의 사회애국주의와 투쟁을 벌인 것은 전적으로 옳았다. 그녀의 잘못된 점은 **억압민족의 혁명가들**이 폴란드의 독립이라는 슬로건을 반대해야 한다고 주장했다는 데 있다. 독자적인 민족국가 수립을 바라느냐 바라지 않느냐 하는 것은 폴란드 노동계급이 판단할 문제였다. 그리고 러시아와 독일 노동자들의 의무는 폴란드 노동계급의 그러한 결정권을 지지하는 것이었다.

하지만, 그렇다고 해서 레닌이 피억압국 혁명가들은 민족자결 운동을 도외시하고 그것을 지지하는 일은 압제국 혁명가들에게 맡겨야 한다고 생각했던 것은 아니었다. 만일 그러하다면, 제임스 코널리(James Connolly) 같은 아일랜드 사회주의자들은 대영 제국주의에 반대하는 투쟁을 자제했어야 할 것이다. 민족 독립의 요구가 억압에 대항하는 대중 투쟁의 초점이 되는 곳에서 그 투쟁에 참여하여 투쟁의 지도권을 확실히 장악하는 것은 혁명가들의 임무다. 이것은 그들이 민족주의 이데올로기 — 비록 그것이 전투적일 경우라도 — 를 받아들여야 한다는 뜻은 아니다. 오히려 노동계급의 투쟁 방법들에 기초하여 민족자결을 성취하기 위한 독자적인 전략을 제시해야 함을 뜻한다.

따라서, 레닌은 민족 운동 지지를 위해 피억압민족의 노동자 운동의 정치적·조직적 독립성을 손상시켜도 좋다고 생각하지는 않았다. 1920년 코민테른 제2차 대회에서 채택된 '민족 문제와 식민지 문제에 대한 테제'는 이렇게 선언하고 있다.

후진국에서 사실은 공산주의적이지 않은 혁명적 해방 운동을 마치 공산주의인 양 치장하려는 시도들에 맞서 단호히 투쟁해야 한다. 코민테른의 임무는 식민지 및 후진 국가들에서 벌어지는 혁명 운동을 지지하는 것이다. 그러나 그러한 지지의 목적은 앞으로 명실상부한 공산주의자가 될 미래의 프롤레타리아 정당원들을 모든 후진 국가들에서 규합하여 그들의 특별한 임무, 즉 자기 나라 안의 부르주아 민주주의적 경향과 투쟁한다는 임무를 자각시킨다는 데 있다. 코민테른은 식민지 및 후진 국가들의 혁명 운동과 잠정적으로 협력해야 한다. 아니, 심지어는 동맹 관계까지도 맺어야 한다. 그러나 그것과 융합해 버리면 안 된다. 비록 프롤레타리아 운동이 걸음마 단계에 있을지라도, 코민테른은 그 프롤레타리아 운동의 독립성을 한사코 견지해야 한다.

따라서 레닌의 입장에는 노동계급을 부르주아와 중간계급이 주도권을 쥐고 있는 민족해방운동에 종속시키고자 하는 이러저러한 시도들과 공통된 점이 조금도 없었다. 1920년대 중국의 국민당으로부터 오늘날 남아프리카공화국의 아프리카민족회의(ANC)에 이르기까지, 그러한 시도들은 민족 운동 내부에서 좌익 반대파의 제거라는 결과만을 낳았을 뿐이다.

민족 문제에 대한 레닌주의적 접근 방식을 더욱 발전시켜 영구혁명 이론으로 완성시킨 사람은 트로츠키였다. 1925~1927년의 중국 혁명을 지켜보면서 완숙한 일반 이론의 꼴을 갖추게 된 영구혁명론의 내용은, 후진국 민족 독립 투쟁은 노동계급이 그 투쟁의 지도권을 장악하여 그것을 노동자 권력 획득 투쟁으로 전화시키고 성공한 사회주의 혁명을 다른 나라들에까지 확산시키는 데 힘쓸 때에만 성공을 거둘 수 있다는 것이었다.

트로츠키의 입장은, 제국주의가 발전한 결과 사회주의를 위한 객관적 전제 조건들이 어떤 한 나라 안에 존재하는 게 아니라 전세계에 걸쳐 존재하게 되었으며 국제 자본주의 체제가 존속하는 한 국제 자본주의 체제에 편입된 국가들의 참된 민족 독립은 불가능하다는, 그의 상황 인식을 반영하는 것이었다. 룩셈부르크의 결론과는 달리, 트로츠키가 내린 결론은 민족 투쟁이 부적절하며 반동적이라는 것이 아니라, 민족 투쟁이 성공하려면 그것이 노동자 권력 획득을 위한 국제적 투쟁으로 발전되어야 한다는 것이었다.

민족 문제에 대한 레닌의 입장은 두 가지 점에서 중요성을 지닌다. 첫째, 제국주의의 존재를 출발점으로 삼아 자본주의의 세계 지배라는 현실에 조응하는 혁명 전략을 발전시키고자 노력했다는 점이다.

둘째, 그것은 정치 이론이었다. 바로 이 점에서 레닌의 입장은 다른 사람들의 민족 문제에 관한 그 밖의 입장들과는 크게 다르다. 카우츠키와 룩셈부르크는 모두 민족국가란 자본주의 경제 발전의 특정 단계의 산물이라고 생각했다. 그래서 카우츠키는 민족 분쟁은 자본주의가 더 발전하면 평화적으로 극복될 수 있다는 개량주의적 결론을 내리게 되었다.

카우츠키와는 대조적으로, 룩셈부르크는 《자본 축적》에서 일단 자본주의의 지배가 전세계적으로 확립되고 나면 민족 분쟁은 자본주의에 특유한 풍토병 노릇을 하며 그러한 분쟁이 자본주의의 종국적 붕괴에 기여하게 될 것이라고 주장했다. 그러나 룩셈부르크는 제국주의의 발전으로 말미암아 민족 독립을 위한 경제적 기초가 잠식되었기 때문에 민족 투쟁이 오히려 계급투쟁의 초점을 흐리는 역할을 하게 되었다는 결론을 내렸다.

한편 바우어와 오스트리아 마르크스주의자들은 민족주의를, 사회주의의 승리를 기다리면서 기존 국가 구조를 재조직함으로써 해결할 수 있는, 무엇보다 문화와 관련된 문제로 여겼다. 그들과는 대조적으로 레닌은 민족주의란 무엇보다 정치적인 문제라고, 즉 선진국에서는 애국사회주의에 대한 투쟁 그리고 후진국에서는 억압에 반대하는 투쟁의 문제라고 생각했다. 한 트로츠키주의자는 이렇게 말했다.

> 방법론적 관점에서 볼 때, 레닌이 대다수 동시대인들보다 훨씬 더 뛰어났던 것은 '정치를 쥐어흔들 줄 아는' 그의 능력, 즉 문제 하나하나, 모순 하나하나에 그 **정치적 측면**을 파악하여 그것을 강조할 줄 아는 그의 능력 덕분이었다.

다른 모든 이론들에서는 민족 문제의 경제적 측면이나 이데올로기적(문화적) 측면이 강조된다. 그러나 레닌은 노동계급의 정치권력 획득 투쟁에 그것이 어떤 효과를 미치느냐는 관점에서 민족 문제에 접근했다.

이 점을 제대로 이해하면, 흔히 직접·간접으로 스탈린의 《마르크스주의와 민족 문제》에서 출발하여 경제·지리·언어를 기준으로 삼아 민족을 '규정'하려 하는 마르크스주의자들이 슬프게도 왜 그렇게들 길을 잃어버리는지 알 수 있게 된다. 트로츠키는 민족 문제에 대한 레닌의 입장을 미국에서 흑인들이 겪고 있는 인종 억압에 적용하면서, 이렇게 주장했다. "이 문제에서 어떤 추상적인 기준(민족에 대한 '정의')은 결정적인 요인이 아니다. 그보다 훨씬 더 중요한 것은 그들의 역사 의식, 그들의 감정과 욕구이다." 그는 피억압자들에게 민족 의식을 불어넣어 주는 것은 특정 국가로부터 당한 억압의 경험이라는 사실을 강조하면서 이렇게 말했다. "물론 우리는 흑인들에게 하나의 민족을 이루라고 강제하지 않는다. 만일 그들이 민족을 느낀다면, 그것은 그들이 그것을 쟁취하길 바라기 때문이다. … 흑인들에 대한 억압은 그들이 정치적·민족적 단결을 이루도록 몰고 간다."

6.

특히 레닌에 의해 발전된, 민족 문제에 대한 마르크스주의적 접근 방식은 20세기 자본주의의 현실, 그리고 특히 그것이 배양하는 민족 분쟁에 대한 하나의 답변을 제시해 준다. 그렇다면 오늘날 우리는 그것을 어떻게 적용해야 하는가?

먼저, 우리는 늘 레닌이 피억압 민족들의 자결권을 옹호했다는 사실을 잊지 말아야 한다. 그의 출발점은 제국주의의 직접 지배 또는 나라 안 지배계급의 억압으로 고통에 시달리다 못해 그들 자신의 국가를 요구하게 되는 집단이 처한 상황이었다. 그러나 그러한 피억압 집단의 자결권을 지지한다는 것은 일체의 민족 독립 요구를 지지한다는 것과 결코 같은 것이 아니다. 왜냐하면 그들 자신의 국가를 다른 집단에 대한 지배력 강화 수단으로 이용하고자 하는 세력들에 의해서 민족 독립 요구가 종종 제기되기 때문이다.

따라서, 민족 문제에 대한 레닌의 접근 방식과 《세계 자본주의 체제의 구조 변화와 신흥공업국》의 저자 나이젤 해리스(Nigel Harris)가 제시한 접근 방식 사이에는 분명한 차이가 존재한다. 나이젤 해리스는 기존 국가와 투쟁하려는 의지가 자결권의 기초라고 주장하였는데, 이것은 달리 표현하면 편잡 지방의 시크교도들처럼 민족억압의 역사를 전혀 반영하지 못할 뿐만 아니라 오히려 그 지역 인구의 반을 차지하는 힌두교도들을 공격하는 식으로 투쟁을 벌이는 집단이라 할지라도 어쨌든 독자적인 국가 건설을 위해 싸우는 집단이기만 하면 사회주의자들은 그 집단을 지지해야 한다는 주장이나 마찬가지다.

그의 기준을 따른다면, 사회주의자들은 남아공화국에서는 보어인들의 자결권을, 팔레스타인에서는 유태인들의 자결권을 옹호해야 했을 것이다. 양자 모두 편잡 지방의 시크교도들보다 억압의 역사를 더욱 그럴 듯하게 주장할 수 있는 집단이다. 보어인들은 대영 제국주의에 의해 정복된 이후 그들의 독립 공화국을 여럿 잃었으며, 유태인들은 반셈족 박해와 대학살을 겪었기 때문이다. 그러나 이 두 경우 모두 민족자결권에 대한 요구는 국가 권력을 대다수 피억압 민족(전자의 경우는 남아공의 흑인들, 후자의 경우는 팔레스타인의 아랍인들)에 대한 지배 수단으로 이용할 수 있는 권리를 주장하는 것이나 마찬가지였다.

혁명가들의 자결권 지지는 추상적 원칙이 아니라 반제 투쟁의 요구에 따라야 한다. 따라서 그것은 다른 사람들에 대한 억압을 통해서만 자기 목적을 달성할 수 있는, 그럼으로써 제국주의를 강화시키는 민족주의를 지지하는 데까지 확대되어서는 안 된다. 자결권 지지는 민족 독립의 요구를 통해 반제 투쟁을 불러일으키는, 그리고 그 승리를 통해 제국주의에 타격을 가하는 운동들에 국한되어야 한다. 그러한 투쟁의 고전적 사례가 바로 베트남인들의 투쟁인데, 미 제국주의에 대한 그들의 승리가 지금도 '제3세계'에 대한 미국의 군사적 개입을 어렵게 만들고 있는 것이다.

오늘날의 세계에서도 레닌의 입장이 분명히 적용되는 반제 민족 해방 투쟁들이 전개되고 있다. 아일랜드의 IRA(아일랜드공화국군) 급진파, 남아공의 ANC(아프리카민족회의), 니카라과의 산디니스타 등이 바로 그 보기들이다. 그들의 투쟁에 대한 우리의 입장은 '무조건적 그러나 비판적 지지'라는 슬로건으로 요약된다. 우리의 지지가 무조건적인 것은 앞서 말한 민족 운동들의 이데올로기를 정치적으로 인정하기 때문에 그런 것이 아니라, 그러한 운동들이 제국주의와 투쟁하고 있다는 사실 때문이다. 트로츠키가 무쏠리니의 침략에 반대하여 하일레 셀라시(Haile Selassie) 정권을 지지했던 것은 에티오피아에 여전히 노예제가 존재하고 있음에도 불구하고 그 전쟁이 반식민(半植民) 국가와 이탈리아 제국주의 사이의 전쟁이었기 때문이다. 마찬가지로 우리가 IRA 급진파를 지지하는 것은 그들의 정치적 입장을 인정하기 때문이 아니라(우리는 부르주아 민족주의의 한 형태인 아일랜드 공화주의에 반대한다) 그들이 대영 제국주의에 대항해 투쟁하고 있기 때문이다.

어떤 민족 운동을 그 강령에 대한 정치적 동의 여부에 따라 지지하는 것에는 기회주의나 초좌익주의로 빠질 소지가 너무나 많다. 서구의 좌익들은 한결같이 '제3세계'의 여러 민족주의를 '공산주의인 양

채색'하려는 경향을 너무 자주 보여 왔다. 그러나 제3세계 민족주의 자들은 계속해서 '자기 나라' 노동자·농민들에 대한 착취 도구로서 자본가 국가들을 잇달아 수립해 왔을 뿐이다.

한편, 어떤 세력이나 조직이 혁명적 마르크스주의 조직이 아니라는 이유로 종파주의적으로 지지를 거부하는 태도도 경계해야 한다. 그와는 달리, 우리는 진정으로 반제 투쟁은 어느 것이든 그 정치적 입장을 불문하고 지지를 표명한다. 이러한 태도는 제국주의에 대한 원칙적 반대와 부르주아 민족주의자들의 계급협조주의적 정치에 대한 단호하고 가차없는 비판을 결합할 수 있게 해준다. 대상이 IRA 급진파들이든 ANC든 아니면 다른 어떤 운동이든, 우리의 태도는 앞서 말한 대로다.

그러나 훨씬 더 복잡한 경우들도 있다. 예컨대, '역사적으로 중요한' 유럽 국가들 내부에서 민족주의 운동이 일면서 제기된 문제들, 즉 영국 안의 스코틀랜드 민족주의와 웨일스 민족주의, 프랑스 안의 브르타뉴 민족주의와 오크 민족주의, 스페인 안의 바스크 민족주의와 카탈로니아 민족주의 등의 문제가 있다. 이들 운동의 출현은 가장 오래된 민족 국가들조차도 지니고 있는, 민족 국가의 인위적 성격을 극명하게 보여준다. 민족이란 몇몇 '자연적' 동질성의 반영체가 아니라 소수민족들을 강제로 통합하면서 그 지방의 문화와 언어를 지배 집단의 이해에 맞춰 억압하는, 흔히 폭력을 수반하는 과정을 통해서 형성되는 것이다. 이들 유럽 국가 내부에 균열을 낳은 것이 일반적으로 말해서 국제 자본주의의 불균등 발전이었다면, 방금 예로 든 주요 분리주의 운동들은 중대한 정치적 요인 때문에(스페인의 경우처럼 프랑코 체제의 억압적 성격 때문이든, 영국의 경우처럼 노동당의 위기 때문이든) 촉진된 것이었다. 혁명가들이 이러한 민족 문제들에 접근하는 방법은 반제 투쟁 성격을 띤 민족 운동들을 다룰 때보다 훨씬 복잡할 수밖에 없다.

한편, 1980년부터 1988년까지 이란과 이라크가 벌인 페르시아만 전쟁에 의해 제기된 문제들도 있다. 이 문제들에 대해서는 세 가지 점이 깊이 고려되어야 했다. 첫째는 1978~1979년의 이란 혁명과 그 여파였다. 왕정 타도에서 노동계급이 결정적인 세력 역할을 했는데도 이란 좌익이 취약한 탓에 아야툴라 호메이니를 비롯한 율법학자들이 정권을 장악하여 혁명의 주요 성과들을 파괴하는 체제를 강요함으로써, 반동적 이슬람 근본주의 이데올로기의 입장에서 노동자들에 대한 착취와 여성 및 소수민족들에 대한 억압을 정당화하게 되는 결과를 낳고 말았다.

그러나 호메이니 정권은 자기들이 미 제국주의라는 '대악마'에 대항하는 투쟁을 주도하고 있다고 주장함으로써 정권의 기반을 어느 정도 강화할 수 있었다. 이러한 상황은 국내적으로 중대한 영향을 끼쳤다. 이슬람교도 학생들이 테헤란 주재 미대사관을 점거한 이후 이란 좌익 가운데 상당수가 정권의 편을 들게 되었다.

중동 전역에 걸쳐서 좌익은 현재 파산 상태에 있다. 그리고, 예컨대 팔레스타인의 저항 세력들로 하여금 그 지역의 노동자·농민들을 중시하기보다는 오히려 '점진적 개혁'을 내세우는 아랍 정권들을 중시하도록 부추긴 데서 보게 되듯이, 좌익들이 그런 처지에 놓이게 된 것은 무엇보다도 스탈린주의가 끼친 악영향 때문이었다. 그 결과 이 나라 저 나라에서 혁명적 좌익의 진공 상태를 이슬람 근본주의가 채우면서 특히 도시 빈민들에게 그것이 아주 급진적인 반제 이데올로기로서 호소력을 지니게 되었던 것이다.

이란의 이슬람 근본주의가 페르시아만 국가들의 정치적 불안정을 불러일으킬지도 모른다는 두려움이 1980년 8월의 이란-이라크 전쟁(두 번째 고려 사항)을 부채질한 한 요인이었다. 자기들 역시 이란 혁명에 의해 제거될지도 모른다고 겁을 먹게 된 사우디아라비아를 비롯한 여러 석유 전제 왕국들은 사담 후세인이 이끄는 바트 당에게 이란을 공격하라고 부추겼다. 그리고 미국 역시 비슷한 이유에서 이라크의 이란 공격에 호의적 태도를 취하게 되었다.

사정은 그러했지만, 이 전쟁은 급속히 지역 패권 다툼 성격을 띤 전쟁으로 발전되어 갔다. 이라크는 이란의 팔레비가 1960년대에 영국으로부터 물려받은 페르시아만 지역의 헌병 역할을 건네받으려 했던 반면, 호메이니는 후세인 정권을 격파함으로써 페르시아만 지역을 자기 영향력 아래 두려고 했다. 이 유혈 소모전은 100만 명의 사상자를 기록하면서 제1차 세계대전을 방불케 하였는데, 양차 세계대전이 지구 전역에 대한 패권을 둘러싼 전쟁이었다면 이란-이라크 전쟁은 지역 패권을 놓고 벌인 두 아류제국주의 국가 사이의 전쟁이었다. 이러한 상황에서는 혁명가들의 입장은 레닌이 말한 (혁명적)패배주의, 즉 각 교전국 노동자·농민들은 '자기 나라' 정부의 패배에 의해 이득을 볼 수밖에 없다는 입장이 당연히 올바른 것이었다.

이러한 상황은 세 번째 고려 사항, 즉 1987년부터 1988년까지 이루어진 페르시아만 지역내 미국 군사력 증강과 그것이 원인이 된 이란과의 군사적 충돌에 의해 변화하게 되었다. 이란 혁명은 지난 20년 동안 미 제국주의가 맛본 가장 심각한 패배들 가운데 하나였다. 미국과 이란의 군사적 대결 상황은 페르시아만 전쟁의 성격을 변화시켰다. 이제 이라크의 이란 공격은 워싱턴에서 지휘하는 좀더 광범한 대(對)이란 제국주의 공세의 일부가 되었다. 미국의 일부 행정부 관리들은 이란과의 전쟁은 그 동안 미국의 대외 군사개입을 위축시켜 왔던 '베트남 증후군'을 일소할 계기가 될 것이라며 환영의 자세를 분명히 했다.

이러한 상황에서 혁명가들이 이란의 패배를 환영한다는 것은 미 제국주의의 편을 드는 행위였을 것이다. 혁명적 사회주의자들은 미국과 이라크를 비롯한 미국의 동맹국들에 대항하여 호메이니 정권을 지지하지 않으면 안 되었다. 페르시아만 지역에서의 이란의 궁극적 패배는 서방 제국주의의 대대적인 승리가 될 판이었다. 그렇다면, 이란 지지는 혁명가들이 율법학자들과 그들의 반동적 이데올로기에 대한 반대 입장을 포기해야 한다는 것을 뜻하는가? 결코 그렇지 않다. 스페인 내전 동안 트로츠키는 스페인에 있는 자신의 추종자들이 공화파 정부에 정치적 지지가 아닌 군사적 지지를 제공해야 한다고 주장했다. 즉, 정부군과 어깨를 나란히하고 싸우되 프랑코의 패배는 혁명적 수단들(공장 및 농장 점거, 모로코의 독립 승인 등)에 의해서만 가능하다는 것을 계속 주장하지 않으면 안 된다고 주장했던 것이다.

그렇다면 이란의 혁명가들도 이 전쟁을 대중이 만족할 만한 결말로 이끌기 위해서는 혁명적 수단들 — 노동자들의 공장 관리, 지배계급의 재산 몰수, 소수민족들의 자결권 인정 — 의 이용을 주장했어야 했다. 그들은 호메이니 정권에 대한 노동계급의 불만과 전쟁 수행 방법(참호전, 인해전술, 도시 폭격 등)에 대한 노동계급의 불만을 증폭시키고자 노력했어야 했다. 그러면서도 그들은 불만을 제국주의 측에 이로울 수밖에 없는 전쟁 종식 요구로 이끌 것이 아니라 혁명 전쟁의 개시 요구로, 즉 호메이니 정권에 혁명적으로 도전할 때에만 제기될 수 있는 요구로 이끌었어야 했다.

예컨대 그들은 호메이니 정권이 이란 내의 쿠르드족과 아랍 소수 민족들을 탄압하고 이란 부르주아지의 사치스러운 방종을 방치하고 있기 때문에, 또 정권 자체가 부패했기 때문에 반제 투쟁이 효과적으로 이루어지고 있지 못하다는 사실을 대중에게 설명해야 했다. 또한 그들은 현재 노동계급이 끔찍한 손실을 감내해야 하는 것은 정권의 전쟁 수행 방식이 잘못된 탓이라는 사실을 대중에게 설명했어야 했다. 그들은 또 정권에 대한 신임을 고취하려는 일체의 기도(예컨대 전쟁 목적을 위해 무임금 노동을 바치라는 호소)에 대해 분명한 반대 입장을 취했어야 했다.

한편, 혁명가들은 즉각적인 전선 붕괴와 제국주의의 승리를 낳을 지도 모르는 행동들(예컨대 전선으로 가는 군수품 운송을 중단시키는 파업 등)은 지지하지 않을 것이었다.

페르시아만 전쟁은 특정 상황을 놓고 민족 문제에 대한 마르크스주의적 입장을 적용하고자 할 때 혁명가들이 그 구체적 상황에 대해 얼마나 조심스럽게 분석해야 하는지를 아주 잘 보여주는 실례이다. 민족주의에 대한 추상적인 반대만으로는 아무것도 할 수 없다. 레닌이 말했듯이, "순수한 혁명"을 기대하는 사람들은 그 누구도 생전에 그것을 결코 보지 못할 것이다." 민중이 자본주의와 투쟁하게 되는 것은 여러 경로를 통해서이다. 그리고 민족주의 역시 그 경로들 가운데 하나임이 분명하다. 물론, 민족주의에 사로잡혀서는 안 된다. 하지만, 세계 노동자들의 가슴 속 깊이 자리잡고 있는 민족주의 감정을 타파하기 위해서는 피억압 민족들의 자결권에 대한 지지가 필수불가결한 요소인 것이다.

1987년 타밀족의 독립 운동을 분쇄하기 위하여 그 지역의 아류제국주의 국가인 인도가 개입함으로써 스리랑카가 맞이했던 비극적 사태는 이 사실을 극명하게 보여주는 사례이다. 1971년 폭동을 일으킨 바 있던 청년 그룹인 JVP는 체 게바라(Che Guevara)의 영향을 크게 받았고 제3세계의 대다수 좌익의 전형이라할 반제 민족주의 조직이었는데 이 조직은 몇 년 안에 억압민족주의의 극단적 반동적 형태였던 실론 국수주의 조직으로 변질되었다. 그 비극은 바로 피억압 민족에 대한 잘못된 태도에서 비롯했다.

억압받는 소수민족이었던 타밀족은 그들이 독립해 살 수 있는 '순수' 타밀 지역을 확보하기 위해 투쟁했으나 억압민족에 속한 좌익 JVP는 타밀족의 자결권을 옹호하기를 거부했다.

결국 타밀족들은 실론 주민에게 화살을 돌리고 그들을 테러하는 야만적 방법에 의존했고 그 결과 인도는 군대를 개입하기에 이르렀다.

이 책임은 지배 이데올로기인 실론 민족주의와 투쟁하지 않은 JVP와 나머지 스리랑카 좌익들이 져야 한다. 우리는 이런 비극적 잘못으로부터도 많은 것을 배워야 할 것이다.

민족 억압과 민족 해방 운동들

마르크스주의자가 노동 계급의 전 세계적 단결을 위해 일하는 국제주의자라는 사실은 우리가 민족 억압에 무관심하다는 것을 뜻하지 않는다. 반대로 우리는 민족 억압을 가장 강력하게 반대한다. 예를 들어 마르크스는 폴란드와 아일랜드의 독립을 평생 지지한 사람이다. 당시 폴란드와 아일랜드는 지금처럼 소련과 영국한테 억압받고 있었다.

국제주의자가 민족 해방을 지지한다니, 이것은 모순이 아닌가? 하지만 문제는 어떻게 하면 국제적 단결을 이뤄 낼 수 있는가 하는 것이다.

우선 마르크스주의자는 강요된 것이 아닌 자발적인 국제적 단결을 지지한다. 자발적 단결은 분리의 권리를 내포한다. 민족 억압은

존 몰리뉴. 격주간 〈다함께〉 52호, 2005년 3월 30일. https://wspaper.org/article/1928.

억압하는 나라의 노동 계급과 억압당하는 나라의 노동 계급 사이의 구별을 낳는다. 이러한 구별은 억압하는 나라의 노동 계급이 억압당하는 나라의 독립을 위해 투쟁함으로써만 없어질 수 있는 것이다.

동시에 민족 억압은 억압하는 나라에서건 억압당하는 나라에서건 지배 계급과 노동 계급 사이에 일종의 이데올로기적인 유대를 형성한다. 이러한 유대는 노동 계급이 민족 억압에, 특히 그것이 자신의 국가에 의해 자행되고 있을 때, 반대함으로써만 깨어질 수 있다. 그러므로 모든 형태의 민족 억압에 대한 반대는 진정한 국제주의의 필수적인 부분이다.

제국주의의 등장으로 이러한 문제는 사회주의 전략의 중심이 됐다. 19세기 말엽까지 한 줌밖에 안 되는 선진 자본주의 국가들이 아프리카, 아시아 및 남미의 대부분 나라들을 그들의 식민지나 반(半)식민지로 만들었다. 당시 대부분의 유럽 사회주의 운동은 이러한 사태를 공공연히 지지하거나 아니면 기껏해야 수동적으로 인정하고 있었다. 제국주의가 필연적으로 민족 해방 투쟁을 불러일으키리라는 것을 알고 선진국 노동 계급이 제국주의 지배 계급에 대항한 민족 해방 운동에 동참해야 한다고 주장했던 사람은 바로 레닌이었다.

오늘날 제국주의의 성격은 다소 변했다. 세계 시장의 압력으로 인해 경제적 착취는 계속되고 있지만 대부분의 경우 이들 식민지에 형식적인 독립이 주어졌다. 하지만 민족 해방 투쟁은 결코 과거의 일이 아니다.

중미에서 미국의 지배에 도전하는 엘살바도르와 니카라과의 투쟁이든, 이스라엘과 전쟁을 벌이고 있는 팔레스타인의 투쟁이든, 혹은 스탈린주의 러시아의 멍에에 저항하는 폴란드와 아프가니스탄 사람들의 투쟁이든, 민족 해방을 위한 투쟁은 계속되고 있다.[이 글은 1986년에 쓰였다 — 엮은이]

이러한 모든 경우에 마르크스주의는 자유를 위한 투쟁에 무조건적인 지지를 보낸다.

하지만 무조건적이라는 것이 무비판적이라는 것과 같은 것은 아니다. 또한 민족 해방에 대한 지지가 그것의 중요성을 과대평가하는 것을 뜻하는 것도 아니다. 민족 독립의 성취는 사회주의적 과제라기보다는 부르주아 민주주의적 과제이며 민족 혁명은 노동 계급이 주도하지 않는 한 사회주의 혁명이 아니다. 또한 노동 계급이 주도하는 것이라 할지라도 국제적 혁명 과정의 일부가 되지 않는 한 혁명은 지속될 수 없다.

이것은 1945년 이래로 자신을 공산주의자 혹은 사회주의자라고 불렀던 부르주아나 프티부르주아지가 주도한 일련의 민족 혁명이 있어 왔기 때문에 특히 중요하다. 중국, 쿠바, 베트남, 앙골라, 모잠비크 등이 대표적인 예이다.

이들 가운데 어떤 경우에도 노동 계급이 권력을 실제로 손에 넣지는 못했다. 하지만 좌익에 있던 많은 사람들이 선진국과 제3세계 자체의 노동 계급 투쟁을 이러한 반제국주의 운동으로 대체하려고 시도했다. 이들 체제 각각이 분명한 전망을 갖지 못하게 되자 그들은 거듭해서 환멸에 빠졌다.

그러므로 마르크스주의자는 모든 형태의 민족 억압에 대해 반대하고 민족 해방 투쟁에 지지를 보낸다. 하지만 민족주의자로서가 아니라 국제주의자로서 그렇게 한다. 마르크스주의자는 부르주아 민족주의에 휩쓸리지 않으며 그것의 한계에 대한 비판을 멈추지 않는다. 그리고 노동 계급이 민족 혁명의 지도자로서, 동시에 국제 노동 계급의 일부로서 앞장서게 하기 위해서 일한다. 노동 계급이야말로 자본주의와 제국주의로부터 진정한 해방을 가져 오고 인류를 하나로 뭉치게 할 수 있는 유일한 세력이다.

오늘날의 민족주의

마르크스주의는 국제주의다. 그래서 마르크스주의와 민족주의 사이에는 근본적인 차이가 있다. 민족주의 관점에서 보면, 세계의 근본적 구분은 민족들 사이에 있다. 반면에, 마르크스주의 관점에서 보면 근본적 구분은 민족을 넘어 자본과 노동 사이의 국제적 구분이다. 스탈린주의(특히 주체 사상)의 폐해 가운데 하나는 사회주의와 민족주의를 혼동하게 만드는 것이다. 그럼에도 천박한 세계화론의 주장과 달리 국가간 차이는 자본주의 생산 양식이 본래부터 갖고 있는 속성이다. 왜 그런가?

첫째, 자본주의의 발달이 국민 국가에 의존하기 때문이다. 자본주의 경제가 발달하려면 비교적 큰 규모의 동질적인 국내 시장이 필요하다. 국민 국가가 가져다 주는 균일성, 지방 관세 장벽의 붕괴, 더

김하영, 《열린주장과 대안》 5호. 문맥에 따라 어떤 경우에는 '민족'이라는 낱말 대신에 '국민' 또는 '국가'라는 낱말을 사용했다.

광범한 통신 등은 국내 시장을 만들어 내는 데 일조한다. 그런가 하면, 자본주의 발달과 함께 나타나는 고밀도의 경제적 네트워크 자체가 국민 국가의 발달을 촉진하는 경향이 있다.

이것은 문화적 균일성을 강제하는 과정과 연관돼 있다. 여러 지방 문화와 여러 지방 언어가 결합돼, 비교적 균일한 문화와 언어로 융화된다. 국민 국가는 중앙집권화된 관료제와 교육 제도를 통해 이러한 문화적 균일성을 창출하는 데 일조한다. 물론 국민 국가는 그와 동시에 자본주의 발전을 직접 촉진하는 구실을 한다. 가령 국가의 군사비 지출은 자본주의적 기업들에 시장을 제공한다. 물론 갖가지 다른 방식으로도 국가는 자본주의 발전을 촉진한다.

국가간 차이가 자본주의의 속성인 둘째 이유는 제국주의다. 특히 제국주의의 고전적인 단계(1875~1945년)에서 세계 대부분의 민족들은 극소수 국가들에 종속됐다. 이러한 억압에 대한 정치적 반발은 민족주의의 형태를 취하는 경향이 있다. 제국주의는 여러 면에서 직접 민족주의를 낳는 것이다. 민족주의는 더 크고 더 균일한 정치적 단위를 새로 만들어 낸다. 또한 민족주의는 현지 주민 일부에게 자체 언어와 문화를 교육한다. 그럼으로써 민족주의는 자체의 봉사자들을 특히 관료 내에 가지려 한다. 하지만 바로 이 식민지 중간 계급으로부터 반식민주의 운동의 지도부가 배출 된다. 바로 제국주의 문화를 교육받았으므로 그들은 그 문화에 더 가깝고 그 문화를 더 혐오한다. 그들은 조국을 위해 그들 자신의 근대 자본주의 국가를 원한다. 그들은 제국주의의 지배력을 깨뜨리기 위해 노동자와 농민을 포함한 광범한 민중 연합을 건설한다.

그러므로 두 가지 형태의 민족주의는 서로 충돌한다. 하나는 제국주의적 민족주의로서, 제국주의 나라의 노동 계급을 그들의 착취자들에게 묶어 놓는 데 이바지한다. 다른 하나는 혁명적 민족주의로써, 식민지 대중의 반제국주의 항쟁을 지도한다. 이러한 충돌에서 20세기의 위대한 투쟁 일부가, 가령 중국·베트남·알제리·아일랜드 등의 해방 투쟁이 비롯했다.

민족 자결권

1860년에 이미 마르크스는 제국주의적 민족주의와 혁명적 민족주의 간의 이러한 충돌이 노동 계급을 분리시키는 잠재력이 있음을 깨달았다. 그는 산업혁명기 영국 대도시들에서 영국계 노동자들과 저임금을 받고 차별받는 아일랜드계 이주 노동자들 사이에 증오가 존재함을 보았다. 그는 이 인종 분리가 영국 노동 계급이 무기력한 원인이라고 했다. 그리고 그는 영국인 사회주의자들이 이 분리를 극복하려면 영국인 노동자들 사이에서 아일랜드 인들의 자결권을 지지하는 운동을 해야 한다고 주장했다.

20세기 초에 레닌은 이 관점을 일반화했다. 그는 사회주의자들이 억압 민족들의 자결권을 지지해야 한다고 주장했다. 그는 두 가지 이유를 들었다. 첫째, 노동 계급의 국제적 단결을 이루기 위함이다. 제국주의적 민족주의에 맞서 싸우기 위해 압제자 나라의 사회주의자는 피억압 민족의 자결권을 지지해야 한다.

둘째, 제국주의를 약화시키기 위함이다. 아일랜드 민족주의자들인 아일랜드 공화파가 제1차세계대전 중에 영국에 맞서 봉기했을 때 레닌은 그 봉기가 영국 제국주의를 약화시키므로 그것을 지지해야 한다고 주장했다. 그는, 비록 민족주의 기치를 치켜들었을지라도 식민지 대중의 반란은 제국주의를 약화시킬 수 있고 따라서 사회주의 혁명 세력을 강화시킬 수 있다고 좀더 일반적으로 주장했다. 이것은 역사적 경험에 의해 확증된다. 미국 제국주의가 겪은 최대의 패배는 — 미국은 그 패배에서 여전히 회복되고 있는 중이다 — 베트남 인들의 민족 투쟁이었다.

레닌의 접근법을 요약하면 '제국주의와 싸우는 민족 해방 운동에 대한 무조건적이지만 무비판적이지는 않은 지지'라 할 수 있다. 먼저, 왜 무조건적 지지인가? 그것은 특정한 민족 해방 운동에 대한 사회주의자들의 지지가 그 운동의 강령에 대한 동의에 매여 있지 않기 때문이다. 사회주의자들은 민족주의자들에게 정치적으로 동의해서 그들을 지지하는 게 아니다. 어떤 상황에서는 심지어 복고주의자들이 제국주의와 싸울 수 있다. 이란과 레바논의 급진 이슬람 교도들은 1970년대 말과 1980년대에 미국과 이스라엘에 매우 심각한 패배를 안겨 줬다.

비판적 지지라는 태도는 스탈린주의자들이 결코 이해하지 못하는 것이다. 그들은 어떤 운동을 지지하면 그것에 정치적으로 동의해야 한다고 생각한다. 그러나 비판적 지지라는 태도는 민족주의 운동의 본질에 대한 올바른 이해에서 나오는 것이다. 언제나 민족주의 운동은 실제의 자본가 계급 또는 자본가 계급에 속하기를 원하는 자들의 이해관계를 반영한다. 때때로 실제의 부르주아지가 반제국주의 투쟁을 지지할 수 있다. 이것은 가령 아일랜드와 인도에 들어맞는 얘기였다. 하지만 통상 민족주의 운동은 민족 자본가 계급이 되기를 원하는 민족주의 지식인들이 지도한다. 그들의 목표는 그들 자신의 자본주의적 민족 국가를 건설하는 것이다. 이것은 그들의 정치적 언사가 아무리 급진적일지라도 그들은 자본주의적 국가 체계의 근간을 그대로 유지하기를 원한다. 이것은 그들이 조만간 제국주의와 타협할 것이라는 점을 뜻한다. 모든 위대한 민족주의 투쟁들은 민족주의자들과 제국주의자들이 협상해 타협에 이르는 것으로 끝났다. 1980년대 후반, 제1차 걸프 전쟁의 최종 국면에서 만일 이슬람 지배자들이 이라크와 그 지지자인 미국을 패퇴시켰다면 그것이 기대할 수 있는 최선의 결과였을 것이다. 하지만 미국이 최대 악마라는 그들의 언사에도 불구하고 오늘날 그들은 미국 제국주의와 거래를 하고 있다. 또 다른 예는 요즘 북한이 미국과 관계 개선을 원하고 있다는 사실이다(문명자의 김정일 인터뷰).

이것은 민족주의 운동의 본질에서 비롯하는 자연스런 결과인데, 레닌은 이것을 이렇게 표현했다. "우리는 부르주아 민족주의에 공산주의의 색깔을 칠하지 않는다." 민족주의와 사회주의 사이에는 근본적인 계급 차이가 있는 것이다. 그래서 어떤 상황에서든 고전적 마르크스주의는 노동 계급의 정치적 독립을 주장했던 것이다. 또, 그 때문에 어떤 상황에서든 고전적 마르크스주의는 변혁을 위한 독립적인 조직을 건설하려 했다.

특별히 강조할 점은 피억압 민족에 대한 지지가 목적 자체는 아니라는 점이다. 그들을 지지해야 하는 이유는 앞에서 언급했듯이 노동 계급의 국제적 단결을 이루고 제국주의를 약화시키기 위해서다. 따라서 그들의 운동이 이 목적을 성취하는 데 이바지하지 않을 때, 심지어 그들이 여전히 억압당하는 상황에 있을지라도 그들을 지지해서는 안 된다. 이것의 중요한 사례는 지난해 봄 코소보 전쟁이었다. 코소보의 알바니아인들은 전쟁중에도 계속 억압당했다. 그들은 세르비아인들에 의해 집에서 쫓겨났다. 그러나, 코소보 자결권을 계속 지지하는 한편으로, 코소보 해방군을 지지해선 안 되었다. 왜냐하면, 그 구체적 상황에서 KLA(코소보 해방군)는 NATO(북대서양조약기구)의 도구 노릇을 하고 있었기 때문이다. KLA는 제국주의를 약화시키는 것이 아니라 오히려 제국주의의 이익을 위해 활동하고 있었던 것이다.

오늘날의 민족 문제

이것은 민족 문제에 대한 일반적인 마르크스주의적 접근법이 있지만, 그것을 특정 상황에 적용하려면 흔히 공들인 분석이 필요하다는 점을 분명히 보여 준다. 민족 문제를 다루는 일반적인 마르크스주의적 방식은 오늘날 어떻게 적용되는가?

첫째, 위대한 역사적 민족 해방 운동은 대부분 힘이 소진한 듯하다. 식민 제국들은 대부분 사라졌다. 그리고 대부분 지금의 세계는 독립 민족 국가들로 이뤄져 있다.

둘째, 최근의 주요 민족 해방 투쟁들(남아프리카공화국·팔레스타인·아일랜드)은 비교적 불리한 타협으로 끝났다는 점에 주목할 만하다. 남아공에서는 타협이 ANC(아프리카민족회의)에 비교적 유리했다. 그 이유는 ANC가 흑인 노동 계급의 지지에 기댈 수 있었기 때문이다.

팔레스타인에서는 협정이 대단히 불리하다. 팔레스타인 사람들은 면적이 원래 팔레스타인의 5분의 1 정도밖에 안 되는 데다 이스라엘 군대가 통제하고 있는 지역에서 일자리가 없거나 쥐꼬리만한 수입으로 생활하고 있다. 게다가 원래의 오슬로 협정을 새로 개정할 때마다 조건이 팔레스타인 사람들에게 불리해져 왔다. 이것은 팔레스타인인들이 이스라엘과 제국주의를 패퇴시킬 수 있는 길이 있다면 그것은 아랍 동부 지역 노동 계급의 지지를 받는 것뿐이라는 점을 반영하는 것이다. 그러나 '선 민족해방, 후 노동 계급 해방'이라는 PLO(팔레스타인해방기구)의 단계적 전략은 그러한 지향을 불가능하게 만든다.

아일랜드에서 평화 협정 체결 과정은 개신교계의 반동적 왕당파가 방해해 왔다. 그러나 설사 평화 협정 체결 과정이 성공적이었을지라도 공화파 운동은 아일랜드의 자본주의적 지배에서 하위 제휴자 노릇을 하는 데 그치는 것으로 끝났을 것이다. 이것도 단계적 전략의 실패를 반영하는 것 이다. 공화파 운동이 통일 아일랜드라는 목적을 성취하려면 남아일랜드 노동 계급의 지지를 얻음으로써만 가능하다. 하지만 남아일랜드에서 공화파 지도부는 노동 계급 정치가 아닌 부르주아 정치에만 관심이 있다.

이러한 사례들은 지난 한 세대 동안 훨씬 더 집중적인 자본주의 발전이 이루어짐에 따라 전통적인 단계적 전략이 민족 독립이라는 목표조차 성취하는 것이 더 어려워짐을 시사한다.

그러나 오늘날에도 매우 중요한 민족 투쟁과 충돌이 여전히 벌어지고 있다. 가령 옛 소련과 동유럽의 스탈린주의 체제가 붕괴되면서 생겨난 민족 운동들이 있다. 이것은 스탈린주의 국가들 중 여러 개가 실제로는 다민족 국가였음을 반영하는 것이다. 단지 소련뿐 아니라 체코슬로바키아나 유고슬라비아가 그런 사례였다. 경제·정치 위기로 빚어진 압력이 이 국가들을 산산이 깨뜨렸다. 물론 여기에 한반도의 미해결 민족 문제를 더해야 한다. 분단이 냉전에 따른 세계 분할의 유산이기는 하지만 말이다.

이러한 민족 문제들 중 일부 경우는 동티모르의 그것처럼 진정한 민족 해방 운동이다. 동티모르 운동도 인도네시아 자체의 노동자와 학생의 지지 없이는 승리하기가 어렵다. 1980년대 말 발트해 연안과 카프카스 산맥(흑해와 카스피해 사이에 있는 지방) 지방에서 옛 소련의 스탈린주의 관료에 도전한 민족 운동도 진정한 민족 해방 투쟁이다. 이러한 민족주의들이 떠오른 것이 일종의 반동 물결인 것은 아니다. 그러한 운동들은 피억압 민족이 억압에 맞서 일으키는 반란이다. 일반으로 그 운동들이 역겨운 자본주의 소국가를 세우는 것으로 끝났다고 해서 1980년대 말에 그 운동들을 지지하지 말아야 했던 것은 아니다. 가장 진보적인 민족 해방 투쟁조차 두 측면을 갖고 있음을 알아야 한다.

그러나 — 셋째 — 이러한 민족주의들이 노골적으로 반동적인 현상인 경우가 때때로 있다. 이것은 옛 유고슬라비아의 경우에 가장 분명했다. 옛 유고슬라비아는 1970년대 초부터 오래 끄는 경제 위기를 겪었다. 주된 이유는 그 나라 경제가 세계 경제에 가장 통합해 있었다는 점이었다. 이로 인해 엄청난 외채 위기와 함께, IMF(국제통화기금)가 요구한 일련의 신자유주의적 정책들이 강요됐다. 위기가 계속되면서 1990년부터 민족 구분에 따라 관료가 잇달아 분열해 왔다. 노동 계급의 소외도 더 심화돼, 1980년대 말에 대규모 대중 파업이 일어났다. 그 결과 노멘클라투라(지배 관료)의 일부는 유고슬라비아의 잔해를 차지하고 그것으로써 자기 자신의 민족 국가를 세우는 것이 생존 방법이라고 결심했다.

이런 일이 처음 벌어진 곳은 세르비아가 아니라, 옛 유고슬라비아에서 경제적으로 가장 선진적인 지역인 슬로베니아였다. 슬로베니아 공산당 지도부는 이렇게 말했다. "나머지 유고슬라비아와 함께 죽기는 싫다. 알아서 하라지. 우리는 독일과 오스트리아 등 서방 선진 자본주의 나라들과 연관을 맺을 수 있어." 그 다음에는 밀로셰비치가 세르비아 민족주의를 냉소적으로 이용해, 노동 계급의 불만을 무마하고 그 투쟁을 약화시키고 자신을 위한 대중적 기반을 건설하려 해 왔다. 그러자 크로아티아의 프란요 투지만이 똑같은 수법을 사용했다. 투지만의 경우, 그는 제2차세계대전 전 중에 나찌 독일의 지원을 받은 크로아티아 파시스트 국가의 상징들을 복원시켰다. 1990년대 동안 옛 유고슬라비아 지역에서 전쟁이 일어났던 것은 바로 이 민족주의들이 민중의 불안감과 두려움을 이용하기 위해 충돌을 빚어 왔기 때문이다.

자유주의자들은 세르비아인들만이 발칸 반도의 모든 참사에 책임이 있다고 주장한다. 그럼으로써 그들은 나토의 1995년 보스니아 개입과 1999년 코소보 개입을 정당화하려 한다. 그들의 주장은 전혀 터무니없다. 보스니아 정권을 포함한 모든 민족주의 정권들이 발칸 반도에서 인종 청소를 자행했다. 이것이 오늘날 발칸 반도에서 유력한 민족주의의 반동적 측면이다. 이 점은 나토의 코소보 점령과 함께 알바니아계가 맨 처음 한 일이 바로 세르비아계를 추방한 일이었다는 사실이 입증한다.

　　이러한 사례들 외에 — 넷째 — 선진 자본주의의 위기로 생겨난 민족주의 운동들도 있다. 가령 스코틀랜드의 경우가 그렇다. 영국 자본주의의 역사적 쇠퇴로 인해, 통일 영국 국가 내에서 자체의 문화적 정체성을 유지해 은 나라에서조차 민족주의의 발전이 고무됐다. 그래서 부르주아 정당인 스코틀랜드 민족당(SNP)은 기회주의적으로 개량주의를 가장해 왔다. 그들이 그러고 있는 이유는, 스코틀랜드 노동 계급 안에서 역사적으로 유력한 노동당한테서 표를 뺏어 오려 하기 때문이다.

　　마지막으로 언급해야 할 점은, 이 모든 상이한 민족주의 운동을 다룰 때 우리는 제국주의적 민족주의가 여전히 실재한다는 점을 잊지 말아야 한다는 것이다. 올림픽이나 월드컵은 이 점을 생생하게 상기시켜 줄 것이다.(시드니 올림픽 경기 대회 9월 20일 야구 한미전 8회 말에 미국 팀이 만루 홈런을 쳐 단숨에 4:0으로 앞서자 성조기를 흔들며 환호하는 미국인들의 모습을 기억하라.) 이 점을 각별히 언급하는 이유는, 누구의 민족주의인가 하는 점을 따져 보지 않고 그저 추상적으로 '민족주의가 문제' 라고 주장하는 사람들이 있기 때문이다. 그들은 다른 민족을 억압하는 민족주의와 억압당하는 민족의 민족주의를 구별하지 못한다.

맺음말

그러나 민족주의에 투항하지 말아야 한다. 스탈린주의는 쇠퇴하고 있을지라도 단계적 전략은 여생이 길다. 근본적 사회 변혁을 추구하던 사람들이 개혁 지상주의로 전환할 때는 민족주의에 순응하는 경향이 있다. 가령 스코틀랜드 사회당(SSP)의 경우가 그렇다. 스코틀랜드 사회당은 '밀리턴트'라는 중간주의(근본적 사회 변혁 추구 정책과 개혁 지상주의 사이의 중간 방침) 조직에서 유래했는데, 어느 정도는 스코틀랜드 민족당 강령의 일부 — 특히 스코틀랜드 독립 — 를 받아들임으로써, 또 어느 정도는 블레어 하에서 우경화해 온 노동당이 남긴 (개량주의적) 여백의 일부를 메움으로써 선거 기반을 구축할 수 있었다.

민족주의에 항복하지 말아야 함과 동시에, 우리는 민족주의를 무서워하지도 말아야 한다. 일부 좌파는 민족주의에 — 흔히 민족주의 일반이라기보다는 자기들이 좋아하지 않는 특정 민족주의에 — 지레 겁을 집어먹고 기우를 갖고 있다. 그들과 달리 우리는 민족주의를 구체적으로 또 정치적으로 분석해야 하고, 민족주의가 어떤 상황에서는 제국주의에 맞서는 반란의 표현이 될 수 있음을 이해해야 한다.

억압당하는 민족의 자결을 지지하는 것이 진정한 국제주의를 위한 수단임을 알아야 한다. 또, 모든 형태의 민족주의에 반대하지만, 구체적 상황에서는 민족주의가 제국주의에 대한 반란을 나타낼 수 있음을 이해해야 한다. 그러한 운동을 지지하는 것은 제국주의를 약화시키고 대중을 민족주의에서 떼어 내 근본적 사회 변혁을 지지하도록 설복하기 위해서다.

국제주의 전통 자료집

Ⅴ-4. 제국주의와 전쟁, 민족문제

지은이 ǀ 알렉스 캘리니코스, 크리스 하먼 외 지음
엮은이 ǀ 이정구

펴낸곳 ǀ 도서출판 책갈피
등록 ǀ 1992년 2월 14일(제2014-000019호)
주소 ǀ 서울 성동구 무학봉15길 12 2층
전화 ǀ 02) 2265-6354
팩스 ǀ 02) 2265-6395
이메일 ǀ bookmarx@naver.com
홈페이지 ǀ http://chaekgalpi.com

첫 번째 찍은 날 2018년 8월 27일
네 번째 찍은 날 2019년 2월 18일

값 9,000원
ISBN 978-89-7966-151-4 04300
ISBN 978-89-7966-155-2 (세트)

잘못된 책은 바꿔 드립니다.